谨以此书献给每一位在人际交往的海洋中奋力划桨，渴望凭借卓越口才与沟通能力改善境遇，抵达成功彼岸的读者。

水青衣 温张敏
著

精准回话

浙江科学技术出版社 · 杭州

图书在版编目（CIP）数据

精准回话 / 水青衣，温张敏著 . -- 杭州：浙江科学技术出版社，2025. 8. -- ISBN 978-7-5739-1887-1

Ⅰ . C912.11-49；H019-49

中国国家版本馆 CIP 数据核字第 2025QX6094 号

书　名　**精准回话**
著　者　**水青衣　温张敏**

出版发行　浙江科学技术出版社
杭州市拱墅区环城北路 177 号
办公室电话：0571-85152486
销售部电话：0571-85176040
排　　版　北京天艺华彩图文制作有限公司
印　　刷　天津中印联印务有限公司
经　　销　全国各地新华书店

开　　本	880mm×1230mm　1/32	**印　　张**	6
字　　数	96 千字		
版　　次	2025 年 8 月第 1 版	**印　　次**	2025 年 8 月第 1 次印刷
书　　号	ISBN 978-7-5739-1887-1	**定　　价**	52.00 元

责任编辑	方　晴	**责任校对**	张　宁
责任美编	曹莞君	**责任印务**	叶文炀

如发现印、装问题，请与承印厂联系。电话：010-82563600

前　言

年少时，我曾读过冯骥才《俗世奇人》一书中的一则故事。故事说，清朝时期，在天津有杨七与杨巴两位茶汤制作高手。杨七凭借精湛的手艺留客，而杨巴则依靠口才左右逢源，两人的合作使得小茶汤摊生意红火，远近闻名。

一次，李鸿章莅临天津，众官员便向他推荐了“杨家茶汤”。杨七与杨巴拿出看家本领，精心炮制。然而，李鸿章在即将品尝时，误以为茶汤上漂着的芝麻碎是脏土，于是勃然大怒，便将茶碗狠狠地摔在地上。地方官员们面面相觑。这时，杨巴迅速反应过来。他临危不乱，一边磕头一边说道：“中堂大人息怒！小人不知道中堂大人不爱吃碾碎的芝麻粒，惹恼了大人。大人您不计小人过，饶了小人这回，小人今后一定痛改前非！”李鸿章听后，又看了看地上的茶汤和芝麻碎，终于明白了其中的缘由。他对杨巴的机智和从容不迫大为赞赏，于是，便赏了杨巴一百两银子。

很快，此事便在天津传为美谈，杨巴也一时间声名大噪。人们纷纷称赞他不仅茶汤制作技艺高超，还有一张伶俐的好嘴，“杨家茶汤”也因此事而被称为“杨巴茶汤”，成为天津的一道金字招牌。相比之下，杨七的手艺虽然更为精湛，但因口才不如杨巴好，而渐渐被世人所遗忘。

年少时读到这个故事，我并未有深刻的感触。在很长一段时间里，我坚信好的手艺才是硬实力，只要将事情做到极致，何须担心他人看不到。时过境迁，当我因为“不会说话”而频频在职场、生活中受挫，再看到这个故事时，方才醒悟：在这个人才济济的时代，光有手艺是远远不够的，还需要学会如何与人沟通。

语言是人与人之间表达思想、传递情感、建立联系最重要的工具。说话，看似简单，实则背后藏着许多技巧。一句恰到好处的话语，能够帮助彼此化解矛盾、拉近距离、赢得尊重；而一句不当的话语，则可能引发冲突，甚至造成无法挽回的后果。当我从零开始创业时，更是深刻体会到了高情商沟通在人际交往中的重要性。

在人际沟通中，会说话的人，往往早已不动声色地赢取了先机。

– 1 –

每一个职场人都渴望获得领导和同事的认可，而这份认可往往是从有效沟通开始的。

大学刚毕业时，我曾有幸在一家大型集团公司的电商部门实习，担任文案助理一职。当时的我既缺乏经验，又“社恐”，每天只知道默默地做好手头的工作，到了下班时间就关掉电脑，一个人安静地离开办公室。除了工作需要外，我与同事几乎没有多余的交流。至于面对领导，我更是避之不及。尽管我自认为工作完成得又快又好，但显然领导并不这么看。我的同期同事纷纷在 3 个月实习期结束后顺利转正，而我却像是办公室里的隐形人，被领导和同事所忽视。直到第 7 个月，我终于鼓起勇气向领导提出请求，才得以转正。由于在职场中缺乏存在感，我并未能在这份工作中获得长久的重视，最终选择离职。

公司不仅是工作场所，更是充满竞争与合作的舞台。在这个舞台上，一个人的说话方式往往决定了他能走多远。在《红楼梦》中，王熙凤之所以深受贾母的喜爱，不仅是因为她聪明伶俐，更是因为她懂得如何说话。她总是能够在合适的时机说出恰当的话，让人感到舒心。这种“懂得适时说话”的能力，在职场上同样重要。

在经历第一份工作的挫败后，我进行了深刻反思，并下定决心改变自己。在后续的工作中，我开始刻意锻炼自己在不同场合的沟通能力，努力学习如何更好地表达。事实证明，我的努力没有白费。在第二份工作中，我获得了破格提拔的机会，成为当时管理层中最年轻的一员。这段经历让我更加坚信，良好的沟通能力是获得职场成功的关键能力之一。

当然，**在职场中会说话，从来不是为了取悦领导，而是为了更好地与人合作。**一个人的力量是有限的，但一支团队的力量却是无穷的。当你的语言充满了凝聚力，能够激发团队潜能时，你就已经走在了成功的道路上。

– 2 –

沟通不仅是工作中必不可少的“工具”，更是生活里维系人际关系的重要纽带。

在生活中，我们会与各种各样的人打交道。要想在人际交往中受人欢迎，很大程度上取决于我们的说话方式。

电视剧《人世间》中，周志刚与周秉昆这对父子的关系一直很紧张，很大程度上就是因为他们之间缺乏有效的沟通。当两人都无法用恰当的语言表达自己的情感时，误会和矛盾就会随之产生。这样的例子在现实生活中屡见不鲜。有时候，我们明明是好意，却因为话语不当而得罪了人；有时候，我们明明想要关心对方，却因为不会表达而让对方感到不适。

好好说话的魅力就在于，它能够帮助我们更好地表达自己、理解他人，从而与人建立起更加紧密的关系。**当你学会了如何用温暖的话语安慰受伤的朋友、如何用鼓励的话语激励失落的家人、如何用恰当的语言化解误会时，你会发现，原来生活是如此美好。**

– 3 –

在社交场合，我们经常会遇到形形色色的陌生人。有的人能够轻松与人相谈甚欢，而有的人总是局促不安，不知如何开口。或许你曾无数次羡慕他人能够左右逢源，几句话就能赢得他人的好感和尊重，但其实，沟通力的背后是有方法和技巧作为支撑的。表达能力的提升并不能一蹴而就，但只要在实践中不断摸索、不断总结，就一定能够成为一个懂说话、会社交的人。就像过去的我，在人前总是不知所措，后来通过不断拆解、复盘和练习，我的表达能力逐渐得到了提升。对讲话技巧的刻意练习固然重要，但更为关键的是从心态上做调整。我们必须克服内心的怯懦，只有敢于面对失败，才能迎来成功的那一天。

记得有一次，我在一个社群中，想要添加群内一些行业大咖的微信，但迟迟未能付诸行动，因为我当时内心充满了犹豫和恐惧。在我不停地纠结、内耗时，我的老师水青衣问了我一个问题："你觉得申请添加好友，最坏的结果是什么呢？"

那一刻，我豁然开朗。是呀，最坏的结果无非就是遭到无视或被拒绝，只要我能接受最坏的结果，就没有理由不勇敢地去尝试。从那以后，我更加明白了一个道理：人不能被内心的恐惧束缚住前进的脚步。

这种心态上的转变，让我在后来的人际沟通中变得更加自信和从容。

– 4 –

这本书，是水青衣老师和她的“一跃而起”团队策划并打造的第 12 本书。这也是我作为团队的一员，继《逆势爆发》和《冲上顶峰》之后参与撰写的第 3 本书。与前两本书不同的是，这一次，我跳出了自己的舒适区，不再围绕商业领域，而是尝试挑战更大众化、与日常生活息息相关的“人际沟通”这一主题，去总结自己过往沉淀下来的技巧和经验。

这本书中有大量对影视剧中对话案例的分析，也有很多现实生活中如何沟通表达的实战演示，力求以最生动、浅显的方式，让同样困于不会表达、不懂沟通的你，轻松掌握说话的技巧，让“懂人际”“会说话”“擅沟通”成为你生活中的强大助力。如果这本书对你有用，请你将它推荐给身边的朋友，也欢迎你关注微信公众号“温张敏”（ID：caimiminm），给我们以反馈，我们将继续努力，做得更好。同时，我们也备了一份见面礼——100 条任何场景都适用的高情商话术。关注公众号后，在对话框中发送“话术”即可获取。

在未来的岁月里，愿你的每一句话都能如诗如歌，点亮自己和他人的生活。

你的朋友　温张敏

2025 年 4 月

目录 CONTENTS

职场篇　职场如战场，如何开口即赢

生活篇　温言打破亲情困局，让爱自然流动

社交篇　所谓高情商，就是跟任何人都聊得来

职场篇

职场如战场，如何开口即赢

说话等于表达，
但是要表达好一句话，
是需要聪明才智的。
倘若说不好，
就很容易得罪人。

01 《琅琊榜》丨向领导提建议总被怼？3 步巧谏言

职场如江湖，一句“成年人最大的自律是不轻易给人提建议”的调侃，道尽了多少职场人的心酸。

或许你还记得，某次会议上你鼓起勇气提出的真知灼见，换来的不是赞赏，而是领导的皱眉打断和同事意味深长的对视。

或许你仍耿耿于怀，当你真诚地指出好友方案的漏洞后，换来的却是友情的渐行渐远。

最令人扼腕的，莫过于当你对上司的决策提出异议后，那谏言最终因“人微言轻”而石沉大海，冥思苦想得来的良策最终还是化为消极的沉默。这些经历，让多少职场人选择缄默，将满腔热忱锁进心底的牢笼。

但沉默真的是最好的选择吗?

《琅琊榜》中梅长苏的智慧告诉我们：谏言不是不能说，而是要会说。那些看似无解的沟通困局，其实背后都暗藏着破解之道。下面这三个源自经典剧作的谏言技巧，将帮助你既实现自己的抱负，又守住人际的和谐，让你在职场中发展得风生水起。

1. 数据铺路，用事实引导决策

电视剧《琅琊榜》中，靖王在收复赤焰军旧部时，梁帝因忌惮军权集中而犹豫不决。靖王并未直接请求扩军，而是巧妙地借汇报军务的机会，通过事实和数据来铺设提议的基础。

“北境前线现有驻军五万，但防线绵延三百里，平均每里仅驻军百余人。去岁冬季，大渝犯境七次，皆因兵力分散未能及时驰援。”

见梁帝皱眉，靖王继续道：“儿臣查阅历年战报，发现若每里驻军增至三百人，敌军突袭成功率可降七成。”

靖王的话虽然简短，却包含了三大关键信息。

一是量化痛点。通过“驻军五万”“三百里防线”这些具体数字，说明了问题的严重程度，从而让梁帝更容易做决断。

二是对比落差。通过“百余人”“三百人”的对比，突出了当前兵力分布与理想状态之间的差距。

三是提供解法。通过历史数据暗示解决方案，而不是张口就请求资源。

在职场中，若遇到需要向领导提出增加预算、调整团队等建议时，我们也可以借鉴靖王的做法。例如，当领导质疑是否需要增加客服团队预算时，你可以说：“张总，目前客服团队 10 人日均处理 300 单（**现状具象化**）。但本月用户增长 40%（**变化锚点**），客诉响应时长已从 2 小时延长至 5 小时（**痛点量化**）。参考行业 1 : 25 的人效比（**标杆对比**），若团队扩容至 15 人，预计可将响应时长缩至 1.5 小时（**解法暗示**）。”

通过这种用数据铺路的方法，能够让你的建议更具说服力，同时避免无效争辩，直接引导决策者关注核心问题。

2. 借势明理，以权威化解争议

剧中，誉王为了打压靖王，在朝堂上公开质疑其“穷兵黩武”。靖王不急于辩解，而是巧妙地通过梁帝来解决争议，采取了“以退为进”的策略。

靖王向梁帝说道：“儿臣愿率现有部众赴北境换防三月。若军饷消耗超户部核算，愿自请削爵。”

又转而向户部尚书沈追行礼：“听闻沈大人曾主持江淮赈灾，三万灾民日均耗粮不过百石，此等精算之能，可否助本王核定军需？”

这一段话巧妙地运用了职场中的“借势”技巧。

一是以退为进。靖王用“自请削爵”把个人荣誉与提出的方案紧密绑定，迫使质疑者更加谨慎地对待他的提案。

二是转移焦点。他将争议焦点从是否扩军转为如何合理配置军需，没有与誉王正面对抗，而是寻求合作解决问题。

三是借力打力。通过拉拢中立的沈追，借用其过去的成功案例来为自己的提议提供权威支持，从而瓦解了对立阵营的攻势。

在职场中，当面对同事的异议时，我们也可以通过类似的技巧来应对。例如，当市场部对提议的成本超支表示担忧时，你可以说："既然市场部担心成本超支，我提议先按 A 方案试运行两周（**以退为进**）。财务部王经理上月优化了门店耗材管控（**借势权威**），可否协助我们建立监测模型？如果 ROI 低于 15%，我自愿承担差额考核（**责任捆绑**）。"

通过借力打力，利用已取得的成绩和经验来为自己的提案提供支持，可以有效消除对方的疑虑，并促进提案的顺利通过。

3. 巧妙引导，间接让对方自己得出结论

剧中有一场谋杀案牵扯到吏部和刑部，凶手是吏部尚书何敬忠的儿子何文新。由于吏部尚书和刑部尚书都是誉王的人，刑部尚书齐敏就帮忙找了一个与何文新相似的人，然后将大牢中的何文新替换了出来。然而，这个秘密被太子的人揭发，告知了梁帝，梁帝将吏部尚书何敬忠和刑部尚书齐敏双双治罪，刑部因此事被牵连的人多达一半，整个部门几乎瘫痪。太子和誉王两党为了刑部尚书一职的人选明争暗斗，可梁帝只想安排一个中立的官员坐上这个位置。

靖王作为皇帝最不受宠的儿子，既要成功向皇帝举荐自己的人，又要在多疑的皇帝面前表现出自己从不结党营私、争权夺位，于是，在梅长苏的指点下，靖王借着向皇帝呈交军情捷报的时机，巧妙地引出了话题："父皇看起来有些疲累，是不是没有休息好。"

梁帝果然轻哼一声："你是不知道啊，因为这个换囚案，现在吏部和刑部真是一团乱。让朕好生头疼啊。"

靖王顺着梁帝的话将话题讨论的点聚焦到刑部尚书

之位上：“尚书之位空缺，难免会影响两部的日常事务。待新尚书履职，自然就好了。”

梁帝摇摇头：“哪像你说得那么轻巧啊。吏部还好说，不过是撤掉了一个何敬忠，机构运行暂时还没有问题。但是刑部涉案官员甚多，这一下子就端掉了半锅，真可谓是乱得一塌糊涂。”

靖王再次把控节奏推进话题：“那父皇就尽快定下主事之人吧。”

梁帝表示为难：“就是这个主事之人不好定，景宣和景桓为这个事情，闹得是不可开交，让朕实在是难以决断啊。”说完，多疑的梁帝又提了一句来试探靖王：“景琰，你觉得何人来代理刑部更合适啊？”

靖王不动声色道：“父皇知道，六部之事，儿臣从未沾手过。若不是上次奉旨主审侵地案，只怕一个都不认得，哪里会知道谁代理刑部合适呢。”

靖王的话，适时表现出了自己的谦虚和不结党营私的立场，但又恰当地提到了本次谈话的关键信息，自然而然地让梁帝记起了侵地案，将蔡荃带入了梁帝的考虑范围：“你刚才说侵地案，朕倒想起来了，当时那个结案的文书写得不错。那个那个主笔叫，叫，叫什么？”

靖王回答：“刑部主司，蔡荃。”

梁帝恍然：“对，对对对，蔡荃。朕对他印象还不错。换囚案他可有被牵扯进来？”

靖王表达了对蔡荃的正面评价，但仍然保持了自己的中立态度：“这个儿臣不知，不过依儿臣对蔡主司的了解，他并不是那种徇私枉法之人，应该没有卷进去吧？”

梁帝找出涉案名单进行确认，见涉案名单确实没有蔡荃，便高兴地让太监高湛召蔡荃觐见，随后让蔡荃代理了刑部尚书的职位。

职场沟通，也时常会涉及微妙的人际关系，尤其是要对领导和同事提出不同建议时，过于直白的提议通常不能取得好效果，反而会让当事人感到被冒犯。因为建议再怎么柔和友善，本身也带有一定的批判属性，因而容易激起对方的心理防御。

用引导的方式，通过不动声色地透露关键信息，触发对方的联想和思考，让对方下意识以为是自己想出了解决方案，而不是被暗示后，接受别人的建议。

例如，当你发现下属工作进展不顺利，而你又恰好有经验可以帮到对方，这时该如何引导才能不招对方反感?

领导：“这么晚还没下班，我看你下午跟客户打完电话以后情绪就不是很好，是方案不太顺利吗？”

下属：“是啊，你不知道，这个客户太难缠了，方案改了一版又一版，下午给了三版还是不满意。”

领导：“这样的客户确实要多花些心思，我之前也跟他们对接过，他们的负责人特别喜欢追热点，但是又总表达不清楚自己的要求，我那里有这个客户过往项目留下来的一些方案，你要是有需要，回头可以找我。”

在这段对话中，领导的交流之所以让人觉得舒适，是因为他没有直接给出建议，而是通过询问、共情和引导的方式，让下属感受到了关心与支持。领导看似是跟下属一起抱怨客户，实则暗示了下属应该多关注客户关心的热点，并以此来调整方案，同时也给了下属选择的权利，让其自行决定是否要进一步寻求帮助。

用引导的方式提建议，可有效避免“不请自来”的越界行为。这样的谈话中，没有高高在上的指点，只有同事间的关心和共情，所以不容易引起对方的反感。

◇◆◇

本节回顾

建议如春雨，润物细无声。要想让别人听得进去自己的建议，可以用引导代替直言，让对方感觉是自主决策而非被迫接受。此外还要注意，**立场要不偏不倚，拿捏好分寸**，分清对方真实意图，巧用试探与暗示，避免自作多情。

向上司提建议时可拿来即用的接话公式

公式 1：事实开路 + 简要表达

“数据表明方案 B 的成功率比方案 A 高出 40%。”

“竞品迭代周期缩短 30%，我们滞后 15%，建议加速研发。”

“核心人才流失率上涨 20%，主要原因为薪酬偏低，建议调整员工激励方案。”

公式 2：说明必要 + 借势表达

“近期客流量锐减，客户强烈建议增加测试环节。”

“客户多次抱怨纸质合同流程繁琐，建议推行线上签约。”

“客服部门日均处理 50 多起同类投诉，人力成本太高，建议使用线上系统。”

公式 3：委婉表达 + 缓冲策略

- “可否缩小范围试点验证效果？”
- “可以优先借调 2 名技术同事来支援，之后再决定是否设立长期岗位。”
- “能不能先简化审批流程中的 2 个冗余环节？等大家适应后，再优化流程。”

公式 4：对标参考 + 经验总结

- “竞争对手这样做，效果显著。”
- “去年的项目十分成功，是否还沿用去年的流程？”
- “我分析过 10 个对标产品，它们都有这样的特点。”

公式 5：利益关联 + 引导决策

- “这个风险可能影响季度目标，B 方案更为稳妥。”
- “如果这单能成，团队业绩将大幅提升。”
- “如果不立即处理，可能有 ×× 损失。”

公式 6：归功上司 + 建议方向

- “按您上次指导的思路，建议这次……”
- “根据您制定的目标，建议……”
- “幸亏您及时指出隐患，我建议……”

公式 7：群体意见 + 请求决策

- “员工调研显示这部分流程效率低。”
- “跨部门反馈 ×× 环节责任不到人，您看应该如何优化？”
- “安全检查报告显示，×× 设备老化，是否立即更换？”

公式 8：量化风险 + 尊重权威

- “这问题再拖可能损失 50 万元，您看采取哪种解决方案好？”
- “若不升级系统，明年数据泄露风险将导致客户信任度下降，请您看是否有必要。”

“流程复杂会增加时间成本，您是否能帮忙协调？”

公式 9：成功案例 + 数据支持

“上次类似决策带来 200 万元的收益。”

“根据对竞争对手的调研，只要简化流程，该项工作只需要 1 天就能完成。”

“上次的项目是老王负责的，收益翻倍，这次如能请他负责，一定稳妥。”

公式 10：专业背书 + 成功案例

“参考行业标准和竞争对手的做法，建议优化 3 点。”

“此方案获 3 位行业专家联合推荐。”

“从 ××（权威部门）发布的产业蓝皮书来看，我们有必要增加 5% 的成本。”

02 《红楼梦》丨同事总甩锅给你？2步高情商拒绝

职场如战场，你是否也曾在这样的困境中辗转反侧？

初入职场时，有些看似亲切的前辈，总爱将琐碎的杂活堆到你的案头。明明你自己的工作已经堆积如山，却依然不敢说出那个简单的“不”字，只能在深夜里独自挑灯夜战。

办公室里有些深谙世故的“老油条”，总是把棘手的任务像烫手山芋一样抛给你，而组长也看准了你的好脾气，将别人避之不及的苦差事统统塞到你的手中，你心中愤懑，却又无可奈何，因为不知该如何得体地说“不”。

更令人无奈的是领导的“甜蜜陷阱”——每次召你进办公室，总是先递上糖衣炮弹般的表扬，紧接着就是铺天盖地的新任务。你多想说：“领导，之前的任务都还没完成……”可话到嘴边，又硬生生咽了回去。这样的场景，是否也让你倍感熟悉?

职场，就是一个复杂的人际关系网，你是否也常常陷入这样的两难：拒绝得太直白，怕伤了和气；拒绝得太委婉，又怕对方不当回事，结果往往是委屈了自己，憋屈了心情? 那么请收好以下两招锦囊妙计——它们不仅能让你守住底线，更能赢得他人的理解与尊重，甚至还会收获意想不到的职场好感。

1. 借制度说话：用规则替你说“不”

《红楼梦》第六回中，刘姥姥为生计到贾府“打秋风”。面对这个穷亲戚的请求，王熙凤既没有直接拒绝，也没有轻易答应，而是巧妙地利用了制度来拒绝刘姥姥的请求。她的这段话堪称职场拒绝的教科书。

刘姥姥说明来意后，王熙凤笑道：“亲戚们不大走动，都疏远了。知道的呢，说你们弃厌我们；不知道的，还只当我们眼里没人似的。”

接着话锋一转：“不过借赖着祖父虚名，作个穷官儿罢了，谁家有什么？不过是个旧日的空架子。俗话说，‘朝廷还有三门子穷亲’呢，何况你我？”

这段拒绝的精髓，王熙凤用了三个关键表述。

- “穷官儿”：强调贾府的经济状况。
- “旧日的空架子”：暗示家族表面风光，实际上虚有其表，但旧时的家族制度仍在。
- “朝廷还有三门子穷亲”：将更高层级的规则作为挡箭牌。

最后，她指示平儿：“把昨儿太太给的那包银子拿来，再拿一吊钱来。”并且在递出二十两银子时，还说：“这是给丫头们做衣裳的，还没裁呢，先给你罢。”

这样的回应不仅给了实际帮助，还通过“挪用”的说法切断了刘姥姥后续再求助的可能。

从王熙凤的拒绝话术中，我们可以学习到以下三层技巧。

（1）制度防火墙

王熙凤通过“旧日的空架子”描述贾府虽无往日风光，但旧时的家族制度严格且延续至今，外加个人权限有限以及历史包袱沉重，巧妙地建立起了制度的防火墙。这就类似于现代职场中，当你面临同事推诿的任务时，你可以说：“这个需要部门负责人批准才能处理”“系统权限限制，无法跨部门修改”“根据最新合规要求，必须由本人亲自操作”。

（2）责任转移术

王熙凤强调银子是“太太给的”，这是典型的三明治话术。

上层：决策权限在太太那里。

中层：我是执行者。

下层：我尽力帮你争取。

这种话术特别适合应对领导临时加派任务：“这个需要总监审批（上层），我可以帮忙走流程（中层），但最终要看排期情况（下层）。”

（3）补偿心理学

王熙凤给二十两银子的说法，充满了心理学技巧。

“给丫头们做衣裳”：表明本有其他用途。

“还没裁呢”：强调是临时调度。

“先给你罢”：暗示下不为例。

在拒绝时，给予替代性的补偿，但要明确设定边界。例如，“这个月实在抽不开身，但下个月调整后可以支持”或“我无法全程参与，但可以帮忙审核关键节点”。下一次，当同事把活儿推给你时，不必再笨拙地说：“这不是我的活儿。”你可以改为：“李姐，特别理解您需要支持的心情（**共情**）。不过，部门刚强调过‘原始数据必须经手人提交’的合规要求（**制度**），王总也特别提醒违规操作的处罚措施（**权威背书**）。等我周三完成季度报告后（**设定期限**），可以抽半个小时帮您复核关键数据（**有限帮助**）。您看这样是否可行（**留出协商空间**）？”

职场中的最佳拒绝，不是对抗，而是让制度为你发声。像王熙凤那样，既守住底线，又能留足情面，才是真正的职场高手风范。

2. 先承上、后启下

《红楼梦》中，林黛玉初入荣国府就去拜见大舅舅贾赦和大舅母邢夫人。林黛玉和邢夫人说了一刻钟的话后，打算去二舅舅家拜访。大舅母自然是想留住林黛玉，让她吃完饭再过去。而林黛玉想的是吃完晚饭再过去就太晚了，她想要在吃晚饭之前就拜访二舅舅。

林黛玉是如何委婉又得体地拒绝大舅母邢夫人的呢？黛玉笑回道："舅母爱惜赐饭，原不应辞，只是还要过去拜见二舅舅，恐领了赐迟去不恭，异日再领，未为不可。望舅母容谅！"

脂砚斋在这一句话的旁边，批注了"得体"二字。的确，林黛玉的回答相当漂亮。以至于邢夫人听后笑道，这倒是了。于是，也不再执意留林黛玉了。

林黛玉这一段拒绝的话，就采用了“承上启下”法。

承上：舅母爱惜赐饭，原不应辞（按照常理，舅母赐饭是不应该推辞的）。

启下第 1 步：先转折，表明自己的立场和原因，立场是“还要过去拜见二舅舅”，原因是“恐领了赐迟去不恭”。

启下第 2 步：说后续，“异日再领，未为不可”。

启下第 3 步：求谅解，“望舅母容谅！”

我们代入一个职场的实际案例，来试试“承上启下”法。

假设，隔壁办公室的同事集体过生日，老板给他们定了一个蛋糕，可是这个蛋糕是榴莲口味的。同事切好后，给每个人的桌上都放了一份。你从小就不吃榴莲，受不了那股特殊的味道。但这毕竟是老板定的，而且还是隔壁办公室同事的集体生日蛋糕，如果直接开口说：“我从来不吃榴莲，这个蛋糕我就不需要了”，那也许会影响老板和其他同事对你的好感。

那么，该如何得体地拒绝，才不会破坏此时的和睦氛围呢?

首先，承上：“老板定的这个蛋糕真漂亮！光看样子就知道肯定很好吃，我真想多吃几块。”

接着，启下第 1 步：先转折，表明立场和原因，“不过，我恐怕无福消受了，因为我对榴莲过敏。”

启下第 2 步：说后续，“老板下次定其他口味的蛋糕，我得多吃两块，把这次的一起补上。”

启下第 3 步：求谅解，“寿星公们，不好意思啊，我就以茶代酒祝大家生日快乐了！”

“承上启下”法其实就是先说对方想听的，再转到自己想说的上面来。

“承上”的话术，是给对方一个心理缓冲，让对方更容易接受接下来的“转折”。而“转折”部分则要说得足够坚决，让人迅速明白你拒绝的立场与原因。如果说得含糊其辞，很容易让对方觉得你不真诚。而“说后续”其实就是提出一个新的解决方案，只是这个方案要等到日后去完成。最后的“求谅解”是把话说到位、说周全，虽然拒绝了对方，但也要维持双方的交情。

◇◆◇

本节回顾

职场如江湖，拒绝是门“以柔克刚”的艺术。**借他人之口，化己身之难**，搬出“第三方”既能守住底线，又不显锋芒；**先承情，后立界**，用认同铺垫转折，才能既保全体面又守住原则。毕竟，真正的拒绝，是让双方都体面退场，而非剑拔弩张。

与同事沟通时可拿来即用的接话公式

公式 1：示弱求教 + 困难细节

- “这个模块我经验不足，您是前辈，请您指导。”
- “在跨部门沟通时，我与小张之间可能有点误会，您看我是否可以这样向他解释一下？”
- “这项工作让我遇到了专业难题，感觉自身知识储备不够，还请您把关。”

公式 2：创造指导欲 + 诚恳表达

- “这个难题只有您能破解。”
- “项目遇到技术难题，您是技术大咖，只有您能带我们攻克这个难题！”
- “您在这方面是老手，我还需多向您学习。”

公式 3：制度挡箭 + 明确条款

- “您看，流程规定需要您部门签字确认哦！”

“项目计划书里明确规定了每个环节的时间节点……”

“公司的费用报销标准里明确规定了各类费用的报销上限，还请您按照规定执行，或者提供额外的审批说明。”

公式 4：优先级管理 + 提出备案

“我手头有个李总交代的急活，要不您找找小王？”

“张工，您提到的需求我记下了，但目前我手头有紧急的流程优化任务……”

“李哥，我这周优先级最高的工作是完成季度分析，您说的项目需求，我排到下周三处理可以吗？”

公式 5：反客为主 + 热情赞扬

“这个模块您更专业，我全力配合！”

“王工，在算法优化方面您是行家，我全力支持您主导的方案，需要数据跑测的话，请随时喊我！”

“张姐，这份报表着急，这方面您最擅长，我给您当助手。”

公式6：风险警示+责任到人

- “审计要求必须原始经手人处理。”
- “系统日志显示这份数据只能用管理员账号操作。”
- “领导明确规定，谁对接，谁是第一责任人。”

公式7：先扬后抑+明确边界

- “您的需求我听明白了，但这部分是由市场部负责的哦！”
- “您这个想法特别有创意！不过我们只负责运营支持，其他方面请您请示领导。”
- “您的这个需求确实特别紧急，但客户对接是销售部的职责，我只能协助您同步更新信息。”

公式8：延迟策略+转介资源

- “我本周日程很满，下周开过例会后，有时间我再帮您如何？”
- “我现在没法敲定，这件事您找张经理审批更快。”
- “请您准备更详细的方案，开会时向领导直接汇报吧。”

公式 9：责任转移 + 升维解决

👍“您的需求超过我权限了，须请示。”

👍“这件事我无权过问，请你直接找总监吧。”

👍“我不方便插手，您要不问问张总的意思？”

公式 10：规则设限 + 利益绑定

👍“上次类似情况王总说要按流程操作，为稳妥起见，这次也这样做吧。”

👍“我手头项目若出错，会影响您的进度。”

👍“这个任务必须周三前完成，否则会影响部门季度奖金的发放。”

03 《梦华录》丨总被说“情商低”？2个套路，夸人夸到心坎上

职场是看不见硝烟的战场，而语言是最温柔的武器。一句恰到好处的赞美，就像春日里的一缕暖阳，能融化人际关系的坚冰。《梦华录》中赵盼儿以茶会友的智慧告诉我们：真诚的赞美不是阿谀奉承，而是打开心门的金钥匙。的确，我们每天都在与形形色色的人打交道。有人如鱼得水，左右逢源；有人却处处碰壁，举步维艰。其中的差别，往往就在于说话者是否掌握了“说话的艺术”。心理学研究表明，真诚的赞美能激活大脑的奖赏中枢，让人产生愉悦感，这种正向情绪会不自觉地投射到赞美者身上。

但有时，赞美也是一把双刃剑。过于直白的赞美容易显得虚伪，流于表面的夸奖也会适得其反。就像《梦华录》中那些精妙的茶道，看似随意的动作背后，都是经过精心设计的艺术。真正的赞美高手，懂得在恰当的时候，用恰当的方式，说出让人如沐春风的话语。

下面这两个经过千锤百炼的赞美套路，既不会让你显得刻意讨好，又能让被夸者感受到自己被真诚地欣赏。学会它们，你就能像赵盼儿经营茶坊一样，在职场中经营出令人艳羡的人际关系。记住：在这个快节奏的时代，最打动人心的永远是用心说出的赞美。

1. 细节举证，让赞美更有力量

电视剧《梦华录》中的赵盼儿和孙三娘一起合作开了一家茶坊。其中有这样一个情节：赵盼儿在船上摇着桨，孙三娘在岸边洗衣服，闲聊间，孙三娘说她早上新做了“鹿鸣饼”，想让赵盼儿帮忙尝尝味道如何。赵盼儿回答道：“不用尝，但凡你放我那儿寄卖的果子，不出半日，准被抢光。茶客们都说爱喝我点的茶，其实九成九啊，都是冲着你的果子来的。”

赵盼儿虽没直接提到果子的味道好，但句句离不开对“同事”（孙三娘）业务水平的夸赞。细究可以发现，赵盼儿就是用了“细节举证”的方式，通过举例“果子不出半日就被抢光”这一具体事实，佐证了“茶客九成九都是冲着孙三娘的果子来的”，因此赵盼儿不用尝都知道果子肯定好吃。这样的表达，远比“太好吃了”显得更加真诚、用心。

职场中，当你的同事在工作上取得了好成绩，或者在团队中发挥了重要作用时，你也可以学习赵盼儿的表达方式，即在赞美时明确说出对方做得好的具体细节。

例如，“你在制作报表时加入了一些财务指标的分析，这些数据分析大大减轻了我们部门的工作，可以很直观地帮助我们更好地了解公司的财务状况，在开会的时候经理都直接用你的数据作为决策依据。你的工作真是太用心了！”

这样有细节举证的赞美既具体又有说服力，能够让同事感受到你的话语十分真诚，从而迅速拉近两人之间的距离。

2. 巧妙借势，让赞美更加自然

在赞美他人时，如果能够巧妙地借助“他人的嘴”来表达自己的赞美之意，往往会起到更好的效果。

《梦华录》中还有这样一段剧情，赵盼儿想为茶坊招揽更多的客人，就带着果子找上了东京城有名的花魁娘子张好好寻求合作。她是这么夸赞对方的：“来张娘子这边赏歌的除了非富即贵，也有不少像柳九官人、王诗童这样的文人墨客，若是让他们也尝尝这些果子，岂不是既能为你的双喜楼增彩，也能为我的茶坊扬名吗？张娘子缺的不是钱，恕我直言，您缺的是如何独一无二。引章现在也入了教坊，做了琵琶色的教头，如果以后还有献艺的机会，她也只愿与好好姐合作。”

赵盼儿的赞美不是阿谀奉承，而是列举了文人墨客的例子来赞美张好好经营教坊的能力，这种巧妙地借着他人的话语来夸赞别人的方式，让人听了就觉得特别舒坦。

那在职场沟通中，我们该如何找到这个“他人”，并巧妙借势呢?

你可以选择一个与被赞美者相关或对其有重要影响的，也是被赞美者所尊重或认可的人，例如同事、上级、客户或朋友等。

举个例子，你想赞美同事管理团队的水平特别高。普通人可能会这么说：“你的团队管理能力真强。”这种赞美就显得十分干涩，要是态度再谄媚一些，还会让人觉得是在拍马屁。

而口才好、懂得巧妙借势的人会这样说：“我发现你团队里这几位同事，干劲都特别足，像你带的徒弟小李，才刚大学毕业，进公司这几个月，都拿到两次销冠了。”虽然你并没有直接赞美他，但是你通过夸他的团队成员很有干劲，把刚毕业没多久的大学生培养成了销冠，就巧妙地夸赞了对方的团队管理能力。

在赞美他人时，还需要特别注意以下 3 点，以避免不适当的称赞招致他人的反感。

（1）避免比较

在赞美一个人的时候，要注意避免“捧一踩一”式的赞美。例如，“大家看看小李的报告，非常详细和专业，这才是我们团队应该追求的标准。不像小王的报告，总是那么粗糙，内容也不够深入。”

这种比较式的赞美，实际上是在团队中制造不必要的对立和竞争，可能导致被批评的小王心存不满，也容易让小李在办公室被同事边缘化，十分影响团队成员之间的相互信任和合作。

（2）避免过度夸张

在赞美同事时，注意不要过度夸张，否则会让对方感到不舒服或者怀疑赞美的真诚度。例如，如果一个同事只是正常完成了一项常规的工作，你却对其大加赞赏，说：“天哪！你的工作完成得也太快了吧！”这样的赞美就显得太过夸张，反而会让人感觉不真诚，甚至容易被误解为讽刺。

（3）避免不恰当的私人评论

在职场中，赞美应该避免涉及同事的私人生活等可能引起尴尬的话题。

正确的做法是专注于对工作成就或职业技能进行赞美。比如，“你最近在项目汇报中表现得非常出色，你对市场的分析很深入，你的方案很有说服力。”这样的赞美专注于同事的工作技能和成就，更符合职场的社交氛围。

本节回顾

夸人夸细节，真诚胜浮夸，用具体事实佐证赞美，才能让对方感受到用心而非客套。**借势如借风，夸人更从容，**巧借他人之口传递认可，既自然又不显刻意。掌握细节举证、巧妙借势两大技巧，就能让你的赞美直击人心，收获职场好人缘。

夸赞他人时可拿来即用的接话公式

公式 1：夸赞行为 + 描述细节

- “您处理顾客投诉时，先为他倒了杯茶，想得真周到！”
- “您培养的实习生 3 个月就能独当一面了！”
- “您面试时追问的 5 个问题都非常精准！”

公式 2：结果导向 + 虚心请教

- “您这季度的业绩又是部门第一，我们都期盼您能分享经验！”
- “您主持的会议总能提前 10 分钟结束，很高效，值得我们学习！”
- “您修改的合同规避了 3 个法律风险，我给您打下手受益匪浅啊！”

公式 3：群体认同 + 成果关联

- “大家都说跟您合作特别省心，因为您方方面面都想到了！”

- “客户全程跟着咱们的节奏走，这次大单多亏了你！”
- “上周客户的急单多亏你救场，隔壁组都称你为‘救火队长’！”

公式 4：量化能力 + 借势赞美

- “您做的甘特图，时间把控精准到天，全组进度都跟上了。”
- “您谈判时拆分报价的策略绝了！客户当天就同意签下 2 年的订单。”
- “客户夸您的方案解决了他们长达 3 年的痛点。”

公式 5：效果举证 + 真诚感谢

- “您教的数据分析法让我效率翻倍，多亏有您指导。”
- “按照您教我的话术，客户当场签约，这次真的要感谢您！”
- “昨天客户说这是他们见过最清晰的方案，多亏您帮我把逻辑理顺了！”

公式 6：历史案例 + 对比夸赞

👍“您上次跨部门协调的速度破了纪录！之前至少要花 3 天的流程，您半天就搞定了。”

👍“您改的方案客户满意度达 100 分！之前平均分才 70 分，这次直接拉满！”

👍“之前的版本漏洞百出，您优化后通过率 99%！”

公式 7：专业类比 + 权威背书

👍“您这 PPT 动画做得堪比专业公司。”

👍“您写的代码结构完整，堪称教科书级模板！”

👍“您做的数据分析图太好了！跟专业咨询公司做的一个水准，领导说这版能直接对外发布！”

公式 8：第三方认可 + 夸赞细节

👍“李总说您带的团队执行力非常强，业绩是其他组的两倍！”

- “供应商李总说您的谈判技巧一流！上次压价时，您成功用数据模型说服他们让利 10%。”
- “客户陈总说您风险预判能力很强！他的原话是‘跟着您走，我连合同都不用细看’！”

公式 9：夸赞能力 + 凸显成果

- “您这个月带领的团队业绩第一，真是管理有方。”
- “您设计的新人培训体系很健全！上个月入职的应届生，考核通过率 100%。”
- “上周的紧急项目，您 3 句话拆解任务，团队 24 小时就交出了方案。”

公式 10：个人特征 + 业务影响

- “您逻辑太清晰了！客户都说‘你们的方案完全满足了我们的需求’！”
- “您沟通能力太牛了！现在市场部都抢着要您当‘外交官’！”
- “您的总结分析方法很厉害！您从之前‘失败案例’中提炼的新模型，能让今后项目失败率降低 30%。”

04 《鸡毛飞上天》丨砍价陷入僵局？3 招让买卖双方互惠共利、达成共识

商海沉浮，谈判桌上的一字一句都暗藏玄机。

在商业沟通中，我们常常会遇到这样的困境：价格谈不拢、条件达不成、双方各执一词。这时候，硬碰硬往往导致两败俱伤，一味退让又得不偿失。《鸡毛飞上天》中陈江河的经商智慧告诉我们：真正的谈判高手，不是靠唇枪舌剑压倒对方，而是能在看似僵持的局面中找到让双方都“飞起来”的契机——看似简单的鸡毛换糖，背后却是对人性的深刻洞察和对商业智慧的完美演绎。

真正的谈判艺术，在于读懂那些没有说出口的需求：

客户反复强调价格，可能是在担心价值；对方坚持某个条款，或许是在寻求保障。这就像解一道复杂的方程式，需要同时考虑多个变量：对方的底线、市场的行情、合作的潜力，以及那些藏在字里行间的真实诉求。

下面这三个源自实战的谈判技巧，将帮助你像骆玉珠与陈江河一样，能够在谈判陷入僵局时找到突破口。它们不是简单的讨价还价套路，而是建立在深度理解商业本质基础上的沟通智慧。学会这些，你就能让每一次商业对话都成为双赢的起点，让买卖双方真正实现“鸡毛飞上天”的共赢局面。

1. 管理价值期望，转化客户“贪欲”

有的客户对利益有极高的追求，总是希望以最低的成本获得最大的回报。面对这样的客户，普通销售员可能会直接强硬地拒绝：“这已经是最低的价格了”，或者表示为难：“我真的没有这个权限，您就别难为我了”，但这样的回答往往会使双方陷入无效的价格拉锯战。

在电视剧《鸡毛飞上天》中，骆玉珠的首饰店来了一位顾客，店员为顾客介绍道："我们家的质量真的很好的，6毛钱一个，你肯定有的挣。"

顾客跟店员讲价："有点贵了，这样，我要1500个，你看能不能便宜点？"

店员在得知对方要1500个发卡后赶忙征求骆玉珠的意见，不料骆玉珠表示自己很忙，让店员自己拿主意。店员只能跟顾客再次强调："大哥，我们这个发卡质量真的很好的，你6毛钱一个拿走，肯定有的挣，真的，质量特别好。"

翻来覆去就这一句话，客户听得有点不耐烦了："哎呀，除了这句，你能不能说点别的？大姐，我多要一点，再给便宜点，啊？哎呀，便宜点。"

没承想，店员还是只有那一句话："这个质量，真的很好。"

此时，顾客也颇为无奈："我知道质量好，再给让点利嘛！"

店员也急了，再次强调："这，真的很好的！"

骆玉珠实在看不下去了，过来对顾客说："您四处逛逛，我们家的质量、价格都是最合适的。"紧接着又问：“听您的口音，是江西人吧？”

客户说道：“对，我江西赣州的。”

骆玉珠便开始跟他套近乎：“看，半个老乡，我在那儿住过好几年呢。火车站那儿有一个大的集贸市场拆了吗？”

顾客表示：“还在还在，我就在那里做生意呢！”

骆玉珠回答：“是吧，你看这越说越近了。哎呀，这样，看在是老乡的分儿上，您多进点，我把货给您送过去，我免运费。”

见顾客犹豫，骆玉珠又说：“也得让我有的赚吧。”

顾客考虑了一下，随后说：“行，看在你是个痛快人的分儿上，我要2000个。”

面对纠结于价格的顾客，骆玉珠并没有像那位店员一样，只是反复地强调产品质量好。既然顾客表达了想要批发的意思，就说明他是认可产品质量的。所以，骆玉珠在沟通中就运用了以下3个技巧。

一是创造共同点。通过提到“老乡”的身份，骆玉珠创造了双方的共同点，快速拉近了跟顾客之间的关系，有效增强了双方的情感联系，使双方接下来的对话能够更加友好地进行。

二是管理价值期望。骆玉珠让客户可以四处逛逛进行对比，强调了自己家产品的性价比，调整客户对价格的单一关注，将客户的关注焦点转移至综合价值。

三是互惠让利。表面上看，客户提出的是对降低价格的强烈要求，而实际上其真正关注的是自身利益是否得到了最大程度的满足。因此，骆玉珠提出免费送货的建议，既表达对客户利益需求的理解，也展示了愿意互惠让利的态度，同时还保证了自己的价格体系不会被破坏。

2. 借势共赢，化解客户的质疑

在电视剧《鸡毛飞上天》中，骆玉珠敏锐地捕捉到了尿不湿市场的商机，但资金不足成了最大的障碍。她与生产厂厂长的谈判过程堪称经典，展示了如何通过“信誉杠杆”和“利益绑定”来破解合作僵局。

骆玉珠意识到尿不湿市场的巨大潜力，决定与一家产品专供香港市场的厂家合作，但厂方要求全款预付，而她手头资金紧张。厂长一开始不屑一顾，要求必须货款提前打过来才考虑发货。

面对这样的拒绝，骆玉珠并没有气馁，而是采取了非常规的方式，提出："我把我的金珠首饰、银珠五金、玉珠百货全押给您，行不行？我还有三个摊位！"通过这一举措，骆玉珠将双方的利益紧密绑定——如果合作失败，厂长可以直接接管她的实体资产。这种"破釜沉舟"的姿态既展现了她的决心，也显著降低了对方的交易风险。

当厂长听到"玉珠百货"后，态度骤然转变。凭借骆玉珠夫妻俩卖车还债的信誉，厂长同意合作。骆玉珠多年的诚信积累为她提供了强大的信誉背书。她没有继续纠缠于价格问题，而是将焦点转移到市场拓展上。她告诉厂长，尿不湿在义乌是空白市场，由厂长供货，自己铺渠道，利润对半分，一定有的赚。通过将合作定位为"开拓新市场"而非"单次交易"，她就成功地转移了焦点。随后，为了消除厂长的顾虑，骆玉珠提出分阶段合作的方案：首批货免费铺市，销量达标后补全货款；若滞销，档口归对方。

这种"保底＋分成"的模式，既让厂长看到了潜在收益，又通过资产抵押降低了合作风险。最终，骆玉珠成功促成了双方的合作。

这一过程揭示了如何通过“借势共赢”的策略化解客户的质疑，尤其是在资源有限的情况下。下面是三种可以借鉴的策略。

（1）资产背书

用现有资源（如客户案例、行业资质）替代直接的压价，例如，“我们为A企业节省了30%的成本，这是验收报告，您可先试用再付款。”这种方式通过真实案例和数据展示产品或服务的价值，降低客户的疑虑。

（2）长线捆绑

将单次交易转为长期合作，例如，“首单按成本价供货，后续订单享受VIP折扣。”这种策略不仅帮助客户解决短期成本问题，还能促进双方的长期合作关系。

（3）数据验证

提供第三方市场报告，增加信任度。例如，“行业数据显示，同类产品溢价20%仍供不应求，我们的定价具备竞争力。”通过引用行业数据和市场趋势，打消客户的疑虑，增强说服力。

3. 直面问题，打消客户的疑虑

当沟通双方处于信息不对称的状态时，客户心里会产生很多疑虑，表现出拒绝沟通的态度或者提出异常犀利的问题，这个时候，一味地回避和敷衍客户并不是一种好选择。

电视剧《鸡毛飞上天》中有一个片段，骆玉珠和陈江河的公司打入欧洲市场的计划受到了欧洲最大经销商费尔南德的牵制，费尔南德要在国内以价格战的方式打垮陈江河。面对危机，陈江河决定与国内的竞争对手杨氏合作，对抗费尔南德的打压。在赶往杨氏集团的路上，为了争取更多时间，陈江河直接将电话打进了杨氏集团的董事会。不料他刚介绍完自己是玉珠集团董事长后，杨氏集团的一位董事就愤怒拍桌："我抗议，我不允许把生人引进董事会。"

面对杨氏集团董事拒绝沟通的表态，陈江河是这么回应的："这位董事，您讲得没有错，我们确实是对手。但是有一件事情，想必大家也会都知道，十八个小时以后，我们这两家同病相怜，都会成为价格战的一个牺牲品。就在此时此刻，欧洲这个史瑞夫百货，还有阮文雄的这个五金商品，已经卸船到货，费尔南德可以说是"子弹"充足，倒逼我们再次降价。所以我现在非常非常着急，我必须要采取这种非常冒昧的、不合适的、不规矩的方式，来跟大家做一个尽快的沟通。"

陈江河这一番话成功缓和了杨氏集团董事的戒备，为自己争取了更多的时间，他紧接着说道："现在是这样，我的手上有三张牌。第一张牌呢，是我们两家联手，那这样的话，我们下面的分级市场，就不可能动荡到哪里去。第二呢，是如果我们四家联手，我这个四家讲的就是杨氏、我玉珠，然后还有阮文雄、史瑞夫，如果我们这四家联手的话，我相信费尔南德的这个价格战，根本就打不起来。第三张牌呢，是变危机为转机，其实就是利用我们中国的市场来吸引他们，我们做一个市场上的交换，那这样呢，我们借机会可以把商品联手卖到其他地区。我不知道大家能不能听懂这三张牌的概念。”

此时，其中一位林祥董事对陈江河的做事风格表示了认可，但也提出了自己的疑虑：“国内市场纵然是一手好牌，同时呢，这外商也惦记着，如果我们引狼入室，请问该怎么办？”

陈江河回答：“您看我这样回答您的问题您满不满意啊？说我们为什么一定要全力以赴进入这个WTO呢？消除贸易保护，对我们的产业会不会受到冲击呢？那其实答案大家都知道，没有。事实上是我们变得更加强大了，人家进来了，我们也走出去了，所以我们的机会其实也越来越多。”

杨氏集团另外一位董事紧随其后：“陈董，我有个问题，玉珠集团的产品是不是在针对杨氏？根据我们的情报，近期玉珠集团推出的几款首饰主题，都是在和杨氏唱对台戏。”

陈江河诚恳表态："对，现在这两款产品我们已经取消了，而且作为我们玉珠集团总经理——骆玉珠女士已经当众道了歉，如果我没有这个诚意的话，我犯不上到这儿来冒险。特别是跟大家絮絮叨叨这么长时间。"

林祥董事又问："好，陈董，那我有个问题想问你，您凭什么相信，两个远在欧洲的异国商人，会与我们通话，而且要推翻他们自己签订的这个价格协议呢？"

此时的陈江河已经来到会议室门口，他坦然回答："您说得太对了，确实很有难度。而且我是一点把握都没有，所以我才会赶过来，跟你们杨总见一面。"

面对杨氏集团董事们一重接一重的质疑，陈江河的应对做到了以下四点。

（1）顺应

无论是董事们一开始对陈江河的电话表示拒绝还是接下来一系列的质疑，陈江河都没有进行反驳和解释，而是顺应董事们提出的观点，表达了对他们担忧的理解和肯定。这是一种策略性的情绪管理方式，可以降低客户的防御心理，避免了可能导致对话破裂的直接冲突，有助于维持接下来双方沟通的顺畅。

（2）构建共识

通过“我们两家同病相怜，都会成为价格战的牺牲品”，让杨氏集团董事们意识到现在不是内斗的时候，从而推动双方达成共识，将目光从内部竞争转移到共同的外部威胁上。

（3）提供事实基础

陈江河提出费尔南德的货品已经卸船到货、自己公司已经取消了与杨氏集团竞争的两款产品并且骆玉珠总经理已经当众道歉等事实作为双方沟通的基础，增加了自己观点的说服力和可信度。

（4）诚实坦率

在面对自己没有把握的问题时，陈江河并没有试图掩饰不确定性，而是选择了坦承，表示自己确实没把握，充分体现了陈江河的真诚和责任感。在商业沟通中，一味的美化包装并不可取。恰到好处的诚实和坦率，有时候反而有助于与客户之间建立信任。

我们来用一个案例演示如何将这几个技巧学以致用。比如，当客户表示没有听说过你公司的名字。

常见的回答是："我们公司刚刚起步没几年，还没有什么名气，您没听过很正常"，或者是"不会吧，一看您对我们这个行业就没什么了解，我们公司做了很多年了，在这个领域还是有很多人知道的"。

这两句回复都很没有质量。前一句，盲目顺应客户的观点，反而会暴露公司在行业内资历尚浅和名气不足的缺陷。客户之所以会对"公司知名度"提出异议，是担心公司没名气就意味着产品质量、售后服务得不到保障。这时，单纯顺应客户的观点反而会让客户因此犹豫。而后一句直接反驳了客户的观点，还进一步讽刺了客户的无知，这种回答往往会招致客户不满，让沟通陷入僵局。

参考陈江河的沟通方式，可以这么回复：

"一听您这话就知道您有提前了解过我们行业，您没

听说过我们公司，可能是我们的品牌宣传没有做到位。”**（顺应）**

“我能理解您对公司知名度的关注，我平时买东西也会习惯先看品牌，一般来讲，有名气的公司在产品和服务上也会做得更好。”**（构建共识）**

“虽然我们公司在您的圈子里可能还不太知名，但是在 ×× 行业已经有了很多年的经验，像 A 公司和 B 公司就一直选择在我们公司续费。”**（提供事实基础）**

“像您说的，我们的确是忽略了品牌营销。因为经费有限，所以我们公司在产品质量和售后服务上的投入会比较多，每年有 90% 的经费都是批在这两块上的。”**（诚实坦率）**

“今天正好借这个机会您可以深入了解一下我们公司的产品，能获得您的认可的话，回头还要劳您多帮我们宣传宣传。”

本节回顾

破解砍价困局的关键在于，将焦点从数字博弈转向价值共鸣。我们要用情感纽带打破对立，以互惠方案替代让步——**“谈钱不伤感情，需先以情暖场”**。真正的谈判高手善于在对方的情绪冰山融化后，让利益共识自然浮出水面。先解“心结”，再解“价结”，才是破局之道。

与客户沟通时可拿来即用的接话公式

公式 1：价值转移 + 强化对比

- “这个价已是底价，但赠品可升级。”
- “虽然价格不能再低，但新款增加 AI 智能分析模块，能让您的工作效率提升 50%。”
- “普通用户排队 2 小时，但 VIP 用户享绿色通道，随到随办。”

公式 2：情感账户 + 感恩回馈

- “您是老客户，我破例给您申请九折。”
- “上次您推荐朋友下单（情感账户），所以这次给您升级服务。”
- “您上次提到您的孩子喜欢我们的产品，这次我特意为您申请了儿童专属礼盒版。”

公式 3：设定锚点 + 重塑标准

- “我们的质量对标进口货，而且价格还低 30%。”

- “VIP 可享受 24 小时专家上门服务，帮您解决全流程问题。”
- “虽然这款升级版产品我们进行了极端环境测试，但价格仅比普通款高 5%。”

公式 4：长期价值 + 时间效率转化

- “三年保修成本已包含在内，让您绝对省心。”
- “这款软件能每年帮您节省 200 小时手动更新的时间，时间就是金钱！”
- “设备日均使用成本仅 3 元。”

公式 5：量价挂钩 + 阶梯折扣

- “您要 100 件的话，单价可降 5%，若要 1000 件，可以再优惠。”
- “单次采购 100 件，单价直降 5%，能为您节省不少成本。”
- “这次下单 200 件，还享 VIP 专属客服通道，解决问题快 3 倍，效率就是金钱！”

公式 6：数据支撑 + 态度明确

- “这材料成本涨了 20%，真没法降。”
- “物流成本上涨 18%，这是成本极限。”
- “这批货成本上涨 10%，若您下单 500 件，我们帮您扛 5% 的成本！”

公式 7：隐形优惠 + 附加价值

- “赠品价值超 500 元，等于变相打折了！”
- “买设备送培训课程 + 终身软件升级，相当于省下 20% 的后续成本！”
- “额外送您 5000 元专属流量扶持，等于白赚！”

公式 8：限时激励 + 提出保障

- “今天签约免运费，立省 2000 元。”
- “名额仅剩最后 15 个。”
- “今日签约，我们 72 小时内闪电交付，比常规流程快 3 倍！”

公式 9：转移关注点 + 服务溢价

- “我们售后响应速度可是行业里最快的。”
- “我们的服务团队都是拥有 10 年以上经验的专家！”
- “我们提供行业内独家的‘零风险’服务！”

公式 10：权限设限 + 引导决策

- “我的权限只能送安装服务，您看行吗？”
- “我的权限只能再送您一套‘定制工具箱’，价值 500 元。”
- “我的权限只能保价到今天 18 点，现在是最优惠的价格了。”

生活篇

温言打破亲情困局，让爱自然流动

言语是连接自我
与外界的桥梁，
它所承载的力量
远比我们想象中更为强大。

05 《女心理师》丨朋友没分寸总越界？3 招立规又不伤感情

何谓边界？人与人交往时的边界是看不见、摸不着的，但我们又会在潜意识层面分清楚什么是你，什么是我，什么是你的，什么是我的。这便是心理学中所说的“边界感”，是一种对个人所有权的认知。

当然，在现实生活中你会发现，有时候即使双方都认为要有边界感，也避免不了矛盾与争吵。这是因为每个人对边界的理解和对他人触碰自己边界的容忍度有所差别。

友情是建立在真诚和相互理解的基础上的，只有开诚布公地交流，才能明确彼此的边界在哪里，从而让双方都找到一个舒适的共处模式。那么，与朋友交往，如何巧妙“立规”，还能不伤感情呢？请试试下面这3个办法。

1. 明确边界规则

在明确边界的过程中，要尽量避免使用指责性语言，例如，“你总是这么不守时，让我等了一个小时。”“你怎么这么不尊重我？”“你能不能不要每次都迟到。”这样的话很容易伤害到两个人的感情。

为了避免因明确边界带来的冲突，你可以使用“I语言”来进行表达。**“I语言”是一种表达个人感受、需求和观点的方式，它的特点是以第一人称的方式陈述，从而避免沟通中的指责与情绪攻击。**

举个例子，假设朋友约会迟到了一个小时，如何用“I语言”来表达你的不满？

你可以这么说：“我感到很不开心，因为我等了一个小时。我真的很介意，你下次不能再迟到了。我需要你尊重我和我们之间的约定。”

2. 越界前先征求对方同意

在人际关系中，边界意识是健康互动的基础，这一点在心理咨询等专业关系中尤为重要。电视剧《女心理师》中，作为专业心理师的贺顿，在把握人际边界方面非常有经验，她在工作中始终坚持的边界意识，为我们提供了维护人际关系的典范。

在剧中，贺顿的一位来访者小莫对贺顿产生了强烈依赖，开始频繁在非咨询时间给贺顿发信息，甚至跟踪贺顿到她的住所。面对这种情况，贺顿没有因为同情而妥协，而是清晰且坚定地设定了界限："我理解你现在很需要支持，但我们的咨询关系需要在规定的时间和地点进行。在咨询室外联系，会影响治疗效果。"

当小莫辩解说"我只是把你当朋友"时，贺顿进一步明确道："作为你的咨询师，我最重要的责任是保证咨询的专业性。这既是对你负责，也是对我的职业负责。"

贺顿处理边界问题的方式展现了专业助人者的素养。

首先，她将“设定界限”定位为对来访者负责的专业行为，而非个人拒绝。这种表述既维护了关系，又坚守了原则。其次，她明确指出越界行为对治疗效果的潜在危害，让来访者理解界限存在的必要性。

剧中另一个典型案例是贺顿拒绝来访者赠送贵重礼物。她没有简单地拒收，而是引导来访者探讨送礼背后的心理需求：“我能感受到你想表达感谢，但在我们的专业关系中，最好的礼物是你对自己的成长负责。”这种处理方式将边界问题转化为治疗契机。

贺顿的做法体现了几个关键原则：

①界限设定要清晰而坚定。

②将边界维护与专业责任联系起来。

③把边界问题作为治疗过程的一部分来处理。

这些原则不仅适用于心理咨询，也适用于其他职业关系。在职场、教育等场景中，明确的边界同样是维持健康人际互动的基础。贺顿的案例提醒我们：真正的帮助不是无条件的迁就，而是在明确的边界下给予对方有效的支持。

凡是边界，在越过之前，就需要先征得对方的同意。

朋友之间也是如此，并非关系好，就是“你中有我、我中有你，就咱俩的关系还用得着打招呼吗”。**再好的关系，也得事先询问对方是否介意，征求对方的同意是对朋友尊重的体现，也是社交中要遵守的基本礼仪。**

3. 道歉：接纳友情列车每一次“驶过黑暗隧道”

电视剧《女心理师》中，贺顿的闺蜜汤莉莉因为跟新公司的上司房总谈恋爱而好几天没有回家，贺顿担心汤莉莉会冲动行事，便想跟她谈一谈，希望汤莉莉能够看清楚上司是不是真的喜欢她，有没有想对她负责。但汤莉莉并不想跟贺顿谈论自己谈恋爱的事，于是便生气地对贺顿说:“你怕我又像以前一样攀高枝被人骗是吗？我在你眼里就是一个悲剧对吗？你知道吗，你是我最好的朋友，但是为什么这件事情我一直瞒着你？就是因为我受不了你一直想要拯救一切人的样子，你好像总是站在道德的制高点来批判我，我好像做什么都是错的，在你面前，我就像是一个乳臭未干的孩子一样。是，我承认我就是喜欢有钱人，我就是缺乏安全感，我就是喜欢大叔，因为我缺少父爱，怎么了？我满足我现在的生活，我会对我的选择负责的。”

贺顿抱住莉莉：“莉莉，你刚刚自己也说了，你是缺乏安全感，所以你不是真的爱他，你只是需要他，你能明白吗？但请你相信，你以后一定能遇到一个你真心喜欢的人。”

在冲动之下，莉莉口不择言地对贺顿说：“真心喜欢的人？什么是真心喜欢的人？你知道吗？你这么会装，好好的机会摆在眼前，你只会逃跑。你知道你真心喜欢谁吗？就算你知道，你有勇气承认吗？”随即，汤莉莉便搬出了合住的房子，两人陷入了“冷战”。

但不久后，汤莉莉上司的老婆找上了门，她这才发现自己确实被欺骗了，两人狠狠地打了一架后，莉莉的恋情也彻底宣告结束。贺顿回家后，看到睡在沙发上的莉莉，上前道歉：“我错了，我不该阻止你追求你真正的爱情。”莉莉抱住贺顿：“你是对的，老贺。”就这样两人原谅了彼此。

任何一段友情都会经历矛盾和争吵，但这并不意味着友情就此终结。当我们不小心侵犯了朋友的边界，一定要找个恰当的时机，跟对方道歉，修复关系。在道歉时，需要注意避免以下几点。

（1）避免含糊其辞，敷衍道歉

不要说“对不起，我向你道歉还不行吗”“好了好了，是我错了”，敷衍的次数多了，就变成了没有意义的口头禅，只会让人觉得你不走心，没有诚意。

（2）避免回避错误，推卸责任

比如“我以为咱俩关系这么好，这么做没什么的”“我也是为你好啊”“我就是想跟你开个玩笑”“如果不是你……我就不会……”，这种道歉看似是在承认自己的错误，实则把自己放在了无辜者的位置，表示自己只是好心办了坏事，暗指对方大题小作，错不在己。

（3）避免做出过度承诺

我们可以承诺改正错误，但不应夸大其词或做出无法兑现的承诺。承诺了又做不到，是非常影响你在朋友心里的信誉度的。

什么样的道歉才是真诚且有效的呢?

在道歉时，我们可以遵循如下公式：**有效的道歉 = 表达歉意 + 承担责任 + 重建边界 + 弥补过失 + 请求原谅。**

（1）表达歉意

明确表达自己的歉意，承认自己的错误或过失，同时指出自己具体的言行不当的地方，并向对方表示自己的诚意和愿意改正的决心。

（2）承担责任

如果因为自己的错误给对方造成了损失，不要逃避，主动询问并承担责任。

（3）重建边界

一起讨论双方都愿意遵循的规则，并且强调你会改变行为，遵守彼此的边界。

（4）弥补过失

愿意做出实际的行动去弥补自己的过失，让对方知道你已经改正，必要的时候可以送一份礼物或进行其他方面的补偿。

（5）请求原谅

真诚地请求对方的原谅，并给予对方足够的时间去决定是否原谅你。

当你表达了期望被原谅的意愿，强调了你对彼此友谊的珍视，你就能在让自己的情绪得到释放和解脱的同时，重建与对方的边界。

请接纳友情列车每一次“驶过黑暗隧道”，你会发现，吵吵闹闹又彼此珍视，互相滋养、陪伴成长的友情会更让人觉得珍贵。

◇◆◇

本节回顾

没有边界的善意，终将“溺死”友好的关系。友情需要栅栏，而非藩篱。用“I语言”清晰标注雷区，以“请求代替命令”才能守护好友谊花园。**道歉是关系的创可贴，但走心才能止血，**具体过失需具体“包扎”，空泛悔意反而会让伤口化脓。请记住，最好的友谊，是在彼此界碑旁共赏风景。

拒绝朋友、表达不满时可拿来即用的接话公式

公式 1：诉说感受 + 温和表达

👍"我很珍惜我们的友谊，但这件事让我不太舒服。"

👍"你上次的建议对我很重要，但你当时那种语气让我有点失落。"

👍"我特别开心你愿意和我分享秘密，但这件事我可能暂时帮不上忙。"

公式 2：表达原谅 + 设定未来规则

👍"我理解你，但下次遇到类似情况，能不能提前问一下我的想法？"

👍"我知道你不是故意的，但以后聊私事时，咱们约定个暗号代表'保密'好吗？"

👍"我知道你的困境，不过以后借钱咱们定个具体还款日好不好？"

公式 3：肯定动机 + 划清界限

- “我知道你是好意，但我需要自己的空间。”
- “我知道你关心我，但请不要把我们之间的对话告诉其他人。”
- “很感谢你带我认识新朋友，不过最近我想专注于处理手头的事，聚会就先不参加了。”

公式 4：直接表达 + 态度友善

- “这个忙我实在帮不上，希望你能理解。”
- “明天的聚餐我真的去不了，你们拍了照片记得分享给我。”
- “我最近手头也不宽裕，但我可以陪你一起梳理一下预算，看看怎么开源节流。”

公式 5：明确隐私边界 + 态度坚定

- “这是我的私事，我暂时不想讨论。”
- “在这方面我无法让步，我不针对人。”
- “这件事我无法跟你细说。”

公式 6：指导行为 + 表达期待

- “借东西前问一声，我会更乐意分享。”
- “快迟到时提前给我发个消息，我会愿意等你的。”
- “偶尔忘记我们之间的约定也没关系，但别总是反驳我。”

公式 7：反馈越界言行 + 即时表达

- “你刚才那句话让我有点受伤。”
- “你刚才和小王说的那些话，我希望你不要再告诉别人。”
- “我确实没办法帮你，朋友之间不应该进行道德绑架。”

公式 8：中断不当讨论 + 礼貌表达

- “我们换个话题好吗？”
- “不谈这个了，我们一起去吃……”
- “谈论这些事儿真让人焦虑，我们一起去……”

公式 9：延迟应答 + 请求理解

“这件事我需要时间考虑，希望你能理解。”

“我想再等等转机，谢谢你的建议。”

“我下周答复你吧，最近有点忙。”

公式 10：为态度道歉 + 坚持原则

“对不起，那天我语气太重了，但这是我的决定。”

“我应该多跟你沟通，但我只能这么做。”

“我下次会尽量早点回复你的消息，但是工作时间我真的无法及时回复。”

06 《以家人之名》丨父母总是泼冷水？3 类跟父母回话模板

电视剧《以家人之名》中那些令人动容的亲情互动，道出了一个朴素的真理：家是讲情的地方，不是讲理的地方。就像电影《囧妈》中那句经典台词："你就是太讲道理了，你可不可以不要那么讲道理，在感情里面讲道理就是最大的不讲道理。"在家庭这个特殊的场域里，执着于对错输赢往往只会两败俱伤，而学会共情却能打开理解的大门。

共情，这个看似简单的心理学概念，实则是打开亲子沟通之门的金钥匙。它要求我们暂时放下自己的立场，走进父母的内心世界。

什么是共情力？即一种理解别人的想法、体会别人的感受，能够设身处地地为他人思考问题的能力。与父母共情，是指我们通过某些方式，去理解父母的想法，站在父母的角度考虑问题。代际差异导致的价值观碰撞在所难免，但共情能让我们在冲突中保持理性，在分歧中找到共识。特别是当父母年岁渐长，面对衰老带来的种种挑战时，我们的共情理解往往比物质支持更让他们感到慰藉。真正的孝顺不仅是赡养，更是理解。

下面这 3 类针对不同类型父母的回话模板，将帮助你用恰当的语言搭建起与父母心灵相通的桥梁。它们不是简单的说话技巧，而是基于深刻共情的沟通智慧，能让你在保持自我的同时，也给父母最温暖的回应。

1. 面对“扫兴的父母”，可以使用非暴力沟通法

在《以家人之名》中，木雕师李尖尖与父亲李海潮的互动模式为我们呈现了“扫兴式沟通”的典型样貌。这种

沟通方式往往以关心为名，却在无形中消解了对方的喜悦与成就感。剧中那些看似平常的对话场景，实则揭示了亲密关系中一种普遍存在的情感消耗模式——当一方满怀热情分享快乐时，另一方却总能用一句话让这份喜悦瞬间降温。

剧中有一个令人印象深刻的场景：李尖尖兴奋地向父亲展示自己设计的第一件木雕作品，满心期待获得赞赏。然而李海潮接过作品后，第一反应却是："做这个干什么？木头边角这么锋利，多危险啊！你现在最重要的是准备高考，别整天搞这些没用的。"

面对父亲的否定，李尖尖没有立即反驳，而是这样回应："爸，我花了三个周末才完成这件作品（**具体付出**），您这么说让我觉得自己的努力一文不值（**情感表达**）。下次我做新作品时，能先给您看看设计图吗（**协商建议**）？"

这段对话生动展现了扫兴式沟通的三个关键特征：价值判断先行（认定木工没用）、风险放大（强调危险性）、目标置换（将创作喜悦替换为高考压力）。而李尖尖的回应则为我们提供了破解这种沟通困境的范本。

首先，通过“三个周末”的具体描述，她将抽象的艺术热情转化为可感知的时间投入，这比只说“我很用心”更有说服力。研究表明，当人们听到具体的行为描述时，产生共情的可能性会提高40%。

其次，“一文不值”这个比喻精准地表达出自己被否定时的心理感受，这种情感的投射比直接争吵更能让对方意识到其话语的杀伤力。

最后提出的“先看设计图”的建议，巧妙地在父亲的担忧与自己的创作热情之间找到了平衡点。这种“预审机制”既向父亲表达了尊重，又为自己争取到了创作空间，是一种典型的双赢沟通策略。

《以家人之名》中这些细腻的互动告诉我们：扫兴式沟通往往源于代际间的认知差异和表达方式的错位。破解之道不在于对抗，而在于建立新的对话模式——用具体事实替代抽象争辩，用情感表达替代情绪发泄，用协商方案替代立场对抗。当李尖尖尝试这样沟通时，她不仅保护了自己的创作热情，也教会了父亲如何更好地理解和支持自己。亲子沟通如同翻译，需要看到原文背后的深层含义，就像父母的“扫兴”往往隐藏着他们“怕你吃亏”的关心，

通过非暴力沟通，我们能有效解码父母潜藏的情感，并用一种温和而坚定的方式回应，避免不必要的冲突。

非暴力沟通法是美国著名教授马歇尔·卢森堡提出的沟通方法，简单来说就是，与父母沟通时不停留在宏大的叙述层面或者理论层面，而是要围绕**“我看见（具体场景）+我感觉（叙述情感）+我希望（提出好的行为范式建议）”**这3个要素来进行。

依靠非暴力沟通法来谈话，我们便可轻松与父母化解矛盾，和谐相处。

一个网友在知乎上分享自己的经历，说自己在国外留学的时候，暑假特意回国给爸爸过生日，用自己打工赚的钱给爸爸买了一瓶当地有名的红酒，并且背了回去。带回家那天，爸爸的回应却是：“买红酒干什么？家里有的是红酒，都没地方放。”网友很郁闷，表示以后再也不想往家里带东西了。

我们站在网友的角度，来拆解一下在这样的场景中，如何运用非暴力沟通法与父母交流。

一是我看见（具体场景）。“爸爸，我用自己赚的钱给你买了红酒，并且从国外背了回来，但你并不在意。”

二是我感觉（叙述情感）。“我很难过 / 伤心。”

三是我希望（提出好的行为范式建议）。“我希望爸爸能够高高兴兴地收下我的礼物，并且对我的心意做出回应。”

其实，父母很难意识到自己的言语或行为是扫兴的，而这种被扫兴的感受也不会随着时间的流逝而淡去。与其一直沉溺于这种负面情绪中，不如主动作出改变。

2. 面对“习惯性否定的父母”，可以使用“yes and”沟通模式

有一种父母，无论你表达什么观点，他们开口的第一句话永远都是在否定你。

在《以家人之名》中，齐明月的妈妈就总是习惯性地对齐明月进行否定和打击。例如，逛街时，齐明月挑

了件白色的衣服，被妈妈嫌弃不耐脏；她转头又挑了件黑色的衣服，妈妈又觉得太老气。最后，妈妈选了一件粉色的衣服，并且询问齐明月的建议，齐明月说“还行吧”，妈妈又说：“一点儿主见都没有，问你什么都是‘还行吧’。”

不少网友纷纷表示：这不就是我妈妈吗?

毫无疑问，父母的否定式沟通不仅会给子女带来困扰和伤害，久而久之也会导致子女与父母之间的关系越来越疏远。

所以，当父母习惯性否定我们的观点时，我们要怎样才能做到和父母“无痛交流”呢？建议你使用“yes and”沟通模式。

什么是“yes and”沟通模式?

“yes and”是美国即兴戏剧表演的核心原则，翻译成中文就是“是的，而且”。“yes”代表的是肯定，“and”是在“yes”的基础上添加自己的想法。

简单来说就是，对于对方表达的任何观点，首先表示接纳和赞同，然后延伸出自己的想法。采用这种沟通方式不仅可以充分交流彼此的想法，还能让对方接受自己的观点，产生心与心之间的共振，从而共同聚焦问题并付诸行动。

以齐明月为例，当妈妈嫌弃她选了白色和黑色的衣服时，如果她也对妈妈的观点做出否定回应，那么母女俩势必会爆发激烈的争吵。

如果齐明月使用“yes and”沟通模式，她要怎么说呢？

“妈妈的眼光就是比我的眼光好，以后我每次买衣服都要请妈妈陪我挑选。可是妈妈，我也想买这件白色的衣服，这穿上显得整个人可有精气神了。我穿的时候注意点，要是弄脏了，妈妈再教我怎么洗干净。”

通过这种沟通方式，齐明月不仅能成功避免与妈妈的争吵，而且能维护自己的观点和立场。

每当父母习惯性地否定我们时，我们不要立即反驳，而应用开放的心态说出“yes”，这样一来，原本可能引发矛盾的“炸弹”就会被转移到“安全区域”，接着，用“and”顺势表达出我们的真实想法，以便寻求妥协与共识。

3. 面对“强势的父母”，可以坦诚表述自己的想法

你是否曾经听到过这样的话：“爸爸妈妈会伤害你吗？我们这么做都是为了你好。”或者“你怎么就这么不听话呢？”这些话往往让你感到被束缚，不敢自由地表达自己的想法。

《以家人之名》中，齐明月的妈妈就是一个强势的母亲。从小到大，齐明月的一切都被她安排好了，只要齐明月稍有抗议，齐母就会摆脸色。例如，齐明月一心想去北京当记者，但是齐母却想让她考公务员。母女俩为此大吵一架后，齐母才得知原来这么多年来，齐明月居然十分讨厌自己的悉心安排。也是直到现在，她才知道，原来齐明月高考少得五六十分，是因为少填了一张答题卡。齐明月这样做的目的是，不想上妈妈为自己指定的政法大学，她想脱离妈妈的干涉。

齐母既震惊又伤心，表示以后再也不会管齐明月了。

事实上，父母越是感到不安，就越想掌控。

父母之所以热衷于掌控孩子的事，是因为他们内心深处有着强烈的不安全感和恐惧感。这种不安全感的潜台词是：我们不信任你，也不相信你的能力。

就像齐母，她并不是非要让齐明月考公务员，只是她认为齐明月心理素质差，而北京人才济济，担心齐明月到了北京会吃亏。考公务员，是她觉得最适合齐明月的道路。

那么，齐明月是怎么和强势的母亲沟通的呢？

她坦诚地表达了自己的想法。我们来具体看一看齐明月的话术。

齐明月首先为自己逃避掌控而少填答题卡的事情道歉，然后她真诚耐心地和妈妈解释："妈妈，我想做一名记者。这是我喜欢的工作，不只是在地方频道接市民电话，做调解。我想做时事，我想做民生，我想当一位纪实记者。妈妈，这是我的理想，你明白吗？"

最终，齐母同意了齐明月去北京工作的决定。齐明月这时才意识到，以前选择逃避并不是解决问题的正确方式，自己应该早早地站出来，与妈妈坦诚沟通，表达想法和意愿。

面对强势的父母，我们不能盲目顺从、一味逃避或反抗。**我们需要勇敢地向父母表达自己的想法和观点，让他们相信我们具备足够的能力去面对和解决自己的问题。**

本节回顾

代沟不是鸿沟，而是未被“翻译”的爱。**在父母扫兴式的关怀里，藏着笨拙的牵挂，**我们应该用“我看见 + 我感觉 + 我希望”来解码父母的潜台词。

与父母沟通时可拿来即用的接话公式

公式 1：共情 + 坚持

“妈，我知道您担心我，但我已经考虑得很周全了。”

“您说的是对的，但我想尝试一下自己的选择。”

“我愿意听您分享您的经验，但我不同意这个观点。”

公式 2：yes and

“您说的有道理，同时我也有自己的想法。”

“您选的这款很好，我再推荐一款给您看看。”

“我愿意去参加这场面试，同时也还想去面试另外几家我更感兴趣的公司。”

公式 3：争取表达空间 + 安抚情绪

“您先别急，听我说完好吗？”

👍“您先说您的想法，之后我想和您谈谈我的想法。”

👍“这次我同意您，但其实我更想……”

公式 4：引用案例 + 唤起同理心

👍“您在我这个年龄时，是不是也做过大胆决定？”

👍“我记得您说过，您也曾后悔没有出去闯一闯。”

👍“隔壁王叔叔离婚，就是因为……”

公式 5：部分认可 + 选择性接受

👍“您批评的这一点我会注意，其他部分我觉得我做得还不错。”

👍“我可以尝试您的建议，但我最终还是要自己做选择。”

👍“您说的这一点对，同时我认为……”

公式 6：提出需求 + 坦诚表达

👍“您这么说让我很难过，其实我需要的是支持。”

👍“我不是在闹情绪，我只是希望您教我该怎样面对。”

👍“我不理解为什么会这样，我需要开导。”

公式 7：引导换位思考 + 强调重要性

👍“您小时候希望父母怎么对您？”

👍“这件事对我很重要，希望您能试着理解。”

👍“您当初如果没有做这个决定，现在会怎样？”

公式 8：暂停冲突 + 转移注意力

👍“我们别争了，先吃饭吧。”

👍“我会考虑的，我想跟您谈另一个更重要的事。”

👍“我需要时间考虑，您上次谈的那个问题，我最后也理解了。”

公式 9：肯定爱意 + 坚持成长

👍“您爱我，所以担心我，但有些路我得自己走。”

👍“您说得对，但有些事我只有经历过才能真正明白。”

👍“我知道您担心，但我必须自己学会判断。”

公式 10：保留决定权 + 礼貌结束话题

👍“您说的我会参考，最终决定还是得我自己做。”

👍“我想先试一下，但你说的风险我会注意。”

👍“我还是想这样做，但我记得您的忠告。”

07 《熟年》丨亲戚管太宽？3 招对付无边界感亲戚

前不久，某知名媒体发布了一条视频，内容是“中国年轻人开始‘断亲’，不愿意和亲戚往来”。而在这之前，新加坡某媒体也发表过《这届中国年轻人为何不愿意走亲戚了》一文。

南京大学社会学院教授胡小武对此表示：“‘断亲’，并不能说明现代年轻人越来越冷漠，这种现象是在互联网时代中普遍存在的……减少来自亲戚的干扰是年轻人选择断亲的主要原因之一。当个人的生活方式和价值观可能与家族中其他成员有较大差异时，就容易导致在交流中发生不愉快。”

上述视频播放量突破千万，因其准确反映了年轻人的心声而引发广泛讨论。评论区中，观众纷纷留言表示：并非刻意要与亲戚断联，而是亲戚确实只会带来困扰。事实确实如此，即便亲戚并非心存恶意，其言行举止仍可能造成不愉快。与亲戚保持适当距离并不意味着要表现得冷漠或傲慢，关键在于当亲戚即将触及你的个人底线时，你能够及时采取措施维护个人边界。你可以选择表达不满情绪，但这种表达应当具有建设性，而非单纯发泄对对方言行的不满或敌意。同时，你也可以通过委婉的方式表明立场，让亲戚明确知晓哪些话题可谈、哪些行为欠妥。这种做法既能保护个人隐私和空间不受侵犯，又能避免因日常琐事产生矛盾误解，以及因越界引发的摩擦和冲突。唯有如此，才能维系与亲戚之间温暖持久的关系。

该怎样正确地和亲戚表达感受？接下来，我们提供 3 种回话方法，教你应对这些“管得宽”的亲戚。

1. 用“反说教”法应对喜欢说教的亲戚

巴菲特曾说：“每个人都应有自己的底线，不应因他人的建议或请求而动摇自己的判断。”然而，在家庭关系中，有这样一类亲戚，他们热衷于扮演教导者，喜欢以道德制高点来“指点江山”，干预你生活的方方面面，无论是职业规划还是人生大事，他们总是试图评价和指导你的一举一动，并期望你按照他们的意愿行事。

电视剧《熟年》中，大嫂吴二琥不想让婆婆老家的房子一直被小姑子倪伟贞占着，于是经常催倪伟贞结婚，想让倪伟贞搬出去住。

“你经济条件这么好，三十多岁该结婚就结婚，你也不能老这么单着，你说你现在不赶快结婚生孩子，你到四十几岁，你真看上一个，想给人生了，你生得出来吗?

“贞儿，我下面要说的话，可能你就不爱听了，但是我这当大嫂的，该说的确实也得说。你呀，你实在不应该住在妈那儿了，你这不就等于啃老了吗？是吧？”

如果倪伟贞表现出不耐烦，直接回怼“我不结婚碍着您什么事了”，那么大嫂吴二琥一定会不高兴，会指责倪伟贞不识好歹，不珍惜亲情。

然而，倪伟贞不仅成功避开了大嫂的说教，还让大嫂无话可说。

她是怎么做到的呢？她采用了“正面回复 + 反说教对方”法。

“大嫂，结不结婚生不生孩子，那是我的事，就不劳您操心了。至于啃不啃老这件事，那您问问俊俊跟红艳（大嫂的儿子和儿媳）呀，他们自己结了婚不买房子，还要您给操心，那不是也啃老吗？”

我们再来代入一个案例。假如你的二姨一直说，你该攒钱买房子，你就可以这样回复：“知道了，二姨，我会对自己的事情上心的（**正面回复**）。对了，您的养老金攒了多少了？物价涨得越来越快，您也要节省些（**反说教对方**）。”

总之，面对喜欢说教的亲戚，我们首先应该明确表达自己的态度，然后抓住他们的软肋或弱点，进行“反说教”。

2. 经济隔离法，应对不断借贷的亲戚

网上曾有这样一句话：“借钱给亲戚朋友，往往既失去金钱，又失去亲情。”在现实生活中，亲戚之间因金钱往来而产生矛盾的案例屡见不鲜。有些亲戚会以“一家人”为由，频繁借钱却迟迟不还，甚至认为你的帮助是理所应当的，你一旦拒绝，反而会被指责“不讲情面”。

在《熟年》里，倪伟民的儿子倪俊结婚后，经济压力增大，而妻子吴二琥的娘家亲戚却多次上门借钱，理由是“你们在大城市，条件好，帮衬一下亲戚怎么了”。面对这种道德绑架，吴二琥既不想撕破脸，又不想无底线地贴补亲戚，于是她采用了“经济隔离法”——“哎呀，真不巧，我们家最近手头也紧，俊俊刚结婚，买房还贷压力大，我们老两口那点退休金全贴补进去了。要不您问问别人？现在借钱难啊，我们也是有心无力。”这番话既没有直接拒绝，让对方难堪，又明确传递了“自身经济状况不佳”的信号，让对方知难而退。

在现实生活中，如果对方仍不依不饶，我们也可以进

一步补充道：“要不这样，我去帮您问问银行贷款的事？”这样一来，既避免了强硬拒绝带来的冲突，又让亲戚明白，借钱不是“白拿”，而是有借有还的正式往来。

现在，让我们代入案例来看看。假设你的表弟经常找你借钱，却从不提还钱的事，你可以这样说：

“表弟，不是我不帮你，但我最近也在还房贷 / 车贷 / 投资理财，实在周转不开。”（**经济隔离**）

“你要是急用，我可以帮你问问正规借贷渠道，或者咱们签个协议，约定还款时间，这样大家都安心。”（**设定规则**）

面对亲戚的借贷请求，“经济隔离法”的核心是不露富、不承诺、不硬拒。我们要向对方强调自身经济压力，引导对方寻求其他借贷途径或设定还款规则，这样既能避免直接冲突，又能守住自己的财务边界。

3. 转移法，应对炫耀欲爆棚的亲戚

有这样一种亲戚：喜欢炫耀自己的财富、房产、车辆、

子女等，在炫耀自己的同时，他们还会贬低你以凸显自己的优越感，让人感到十分尴尬。

某博主曾经在某社交平台上分享过类似的经历。过年期间，博主的某个亲戚来家里和博主妈妈聊天，没聊几句，亲戚就开始炫耀："我家娃以后发展可不愁呢，一毕业，他大伯就能给安排个总经理的职位当一当。你家孩子现在就拍个视频啊？那可不是啥正经工作，赶紧让他回家，回来找个班上吧！"

如果我们也像这亲戚一样，阴阳怪气地回怼："是吗？前两天刚看到有个新闻说某公司总经理因为贪污被抓进去了。"那势必会引发一场没必要的"口水战"；而如果你选择反驳，该亲戚可能会更没完没了。

这里分享一个应对方法：**捧哏 + 打太极 + 转移话题**。我们继续代入上例。

"嘿哟，一毕业家里就能给安排当个总经理？这机会真是太难得了！多少人一辈子都当不了总经理，咱家娃可真出息。"（**捧哏**）

"我家孩子的事我不参与，咱过好自己的日子最重

要。”（**打太极**）

“对了，我姐夫最近身体怎么样？每天早上还跑步吗？”（**转移话题**）

面对喜欢炫耀的亲戚，首先一定不要反驳，可以先附和对方的想法，然后把话题转移到别处，让对方停止炫耀。

综上所述，掌握好这3种回话方法，今后不论你遇到多么难缠的亲戚，肯定都能游刃有余且有理有力地维护好个人边界。

本节回顾

亲情如茶，过浓则苦。应对越界亲戚，需掌握“温柔推开的艺术”——用“反诘问”化解他们的说教，以“模糊应答”筑起围墙。**不接招即是破招，任其挥拳如雨，我只借力化解。**

与亲戚沟通时可拿来即用的接话公式

公式 1：反抛问题 + 礼貌表达

- “表姑说得对，您家表弟结婚买房的事情解决了吗？”
- “大姨给我介绍对象我太开心了，对了，表姐的男朋友条件一定很不错吧？”
- “我的工作普普通通，堂哥的工作怎么样？”

公式 2：表达认可 + 时代对比

- “现在时代不同了，您当年二十多岁就结婚是对的，但现在年轻人要拼事业。”
- “您的房子买得真是时候，不过现在人们观念不同了，租房压力小，也可以过得很舒服。”
- “您那时候不要孩子身边人一定会说三道四，现在大家思想都很开放。”

公式 3：反面案例 + 委婉表达

- “听说堂哥家孩子上补习班花了 10 万元，效果怎么样？”
- “邻居张姐给女儿报了 6 个兴趣班，孩子现在开始厌学了。”
- “王哥为了考公辞职回家复习，现在考上了吗？”

公式 4：模糊应对 + 转移话题

- “我现在挺好的，顺其自然吧。”
- “您喝茶，这茶叶是我朋友从杭州带的。”
- “我们正在看房子呢，不过买房子是大事，不能着急。”

公式 5：捧哏 + 转移话题

- “您这身衣服真好看，在哪里买的？”
- “听说您家孩子今年考研成功了，是哪所大学？”
- “阿姨明年退休，凭您的职称，退休金不少吧？”

公式 6：表面认同 + 表达感谢

- “您说得有道理，我记下了。”
- “多亏您提醒，不然我真没当回事。”
- “我本来不这么认为，您一说，我觉得还真是这样。”

公式 7：客观理由 + 现实理由

- “最近工作太忙，这些事儿顾不上了。”
- “现在养孩子成本高，不敢随便生。”
- “目前工作还不稳定，不想考虑其他的事。”

公式 8：询问语气 + 引导换位思考

- “您当年被催婚时是什么感受？”
- “您当年面临找工作和继续学业的选择时，为什么选择了找工作？”
- “如果您女儿结婚没几年就离婚了，您能怎么帮她？”

公式9：结束对话+物理回避

- “我去厨房帮忙，你们先聊。”
- “您提醒得对，等我爸妈回来了，我也问问他们的意见。”
- “说到这儿，我前两天看了几集《×××》电视剧，您看了吗？”

公式10：表达认同+价值观中立

- “您的观点也没错，不过每个人都有自己的活法。”
- “您考虑的是对的，不过每家情况都不一样。”
- “您介绍的那个哥哥人挺好的，不过人家应该也有自己的考虑。”

08 《少年谢尔顿》丨孩子叛逆爱顶嘴？平等对话 2 大心法

“作业写完了吗？没写完还敢看电视？整天游手好闲，还不赶紧去学习！”

这样的对话，是否每天都在你的家庭中上演？许多父母发现，自己苦口婆心的教导，换来的却是孩子越来越强烈的抵触和叛逆。美剧《少年谢尔顿》中那个天才少年与父母的互动告诉我们：**亲子关系出现裂痕，问题的关键往往不在于说什么，而在于怎么说。**

传统亲子沟通模式就像一场永不停歇的拉锯战：父母站在权威的高地上发号施令，孩子则在反抗的堡垒里负隅顽抗。这种“我说你听”的单向沟通，不仅让父母精疲力尽，更让孩子的心灵筑起高墙。其实，孩子们何尝不想与父母亲密无间？只是他们渴望的不是居高临下的训诫，而是平等尊重的对话。

平等对话，是一种基于尊重、理解和共情的沟通方式。在这种对话模式下，父母和孩子不再是管教和被管教的关系。亲子间应该倾听彼此需求、理解对方立场，并开放地进行交流。**父母不仅是教育者，更是孩子的倾听者和理解者。**通过平等对话，父母能够更好地了解孩子的内心世界，为他们提供更加精准的引导与支持，成为彼此亲密无间的伙伴。

如何与孩子进行平等的对话？在这里推荐如下 2 种方法。

1. 觉察：放弃完美父母的幻想

网络上曾流行一个 90 后带孩子的视频：孩子在地上打滚，哇哇大哭，家长也跟着孩子哇哇大哭。评论区很多网友调侃道：大家都是第一次做人，凭什么我要让着你呢。

同理，大家都是第一次做父母，都是普通人，不必苛求自己非要做满分父母。

当父母在孩子面前能够坦诚面对自己的不足时，其实也是在培养孩子的一种珍贵品质：勇气。孩子可以从父母身上学到如何正视自己的缺点，并在犯错时不因此感到羞愧。

《少年谢尔顿》中的天才少年谢尔顿的父亲，就是一个会在教育中跟孩子分享自己不完美经历的人。剧中有这样一段情节：

规则感极强的小谢尔顿在学校一直举报同学，甚至举报老师没有遵守着装规范，结果给自己惹来了麻烦。谢尔顿原以为父亲会责骂自己，但没想到父亲跟他来了一场平和的谈话。

父亲问小谢尔顿："你想过我们为什么从加尔维斯敦搬到这里吗？"

小谢尔顿："没有，我通常都是想一些更重要的问题。"

父亲："好吧，我告诉你原因。爸爸本来有一个很棒的工作——做橄榄球教练，但我看到了其他大人违反了规则，讲起来有点复杂，总之，教练是不允许从别的高中挖学生到自己队伍的。”

小谢尔顿问：“你举报他们了吗？”

父亲回答：“是啊，你知道发生了什么事情吗？”

小谢尔顿：“正义制裁了那些破坏规矩的人吗？”

父亲顿了顿，说：“我被炒鱿鱼了，谢尔顿，而且留下了坏名声。”

谢尔顿恍然大悟：“所以你才喝那么多酒。爸爸，你被‘炒’后难过吗？”

父亲答：“有些生气，也许还有点伤心。”

从上例中，我们可以看到，在与孩子沟通时，若能从以下几个方面坦承自己的不完美之处，便能获得孩子更多的信任与喜爱。

（1）直接承认自己的错误与不足

例如，“宝贝，我想跟你谈一谈昨天的事情。我意识到我在陪你写作业时犯了情绪激动的错误，我应该更加理智一些。对不起，我没有做到。我会努力改进的。”

（2）分享自己的成长历程，包括错误与挑战

例如，“你知道吗，当我和你一样大的时候，我也犯过很多错误，有一次我甚至因为放学跟同学出去放风筝，回家太迟而没有完成作业，受到了老师的批评。老师让我在教室门口站了一节课，下课以后我腿都麻了，后来再也不敢不写作业了。”

（3）接纳孩子的建议与批评，展现对孩子的尊重。

孩子：“我觉得我们可以尝试一下不同的方法来解决这个问题。”

父母：“非常好的建议！你有什么具体的想法呢？”

孩子：“我认为……”

通过这些方法，父母可以向孩子传递一个重要的信息：每个人都有不完美的一面，但这并不妨碍我们成为彼此生命中重要的存在，也不妨碍我们共同成长、学习。

2. 接纳：孩子也可以有差强人意的表现

没有完美的父母，自然也就没有完美的小孩。

孩子们没有成人那样成熟的思维和三观，因此很多想法和行为以及情绪都会因为他们的年龄所限而表现得不合时适。身为父母，要像承认自己的不完美一样，学会接纳孩子成长过程中各种差强人意的表现，无须将孩子跟“别人家的孩子”进行比较。这种接纳会让孩子感到自己在家庭中是被理解和珍视的，也会增强孩子的受挫能力，让他们学会在成长的过程中坦然面对问题。

在跟孩子沟通的过程中，我们可以从以下几个维度表达我们对孩子的接纳与支持。

《少年谢尔顿》中有一个情节，谢尔顿因为拆了家里的冰箱花了很多钱维修，不得不送报纸赚钱弥补错误。为此，谢尔顿每天4点起床送报纸。坚持了一段时间后，他的心态有点崩溃，便在一天家庭晚餐的时候向所有人发脾气。

饭后，父亲走进谢尔顿的房间跟他沟通：“我知道你很累，但你也不能……”

谢尔顿打断父亲："我不只是累，我是精疲力尽，全身上下都疼。我每天一大早起床，去做一份我根本不喜欢的工作。我一直尝试付出更多努力，但情况完全没有改变。所以如果你要吼我或惩罚我，就赶紧惩罚完了事。"

没想到父亲却说："我不打算惩罚你。"

谢尔顿疑惑道："为什么？我罪有应得。"

这个时候，父亲轻轻地坐到谢尔顿的身边，看着他说："让我告诉你我今天过得如何。今天校长大骂我，因为我不让一个英语挂科的后卫上场比赛，之后那孩子的父母骂我更凶。紧接着我在更衣室制止了一场打架，被肘击中了脖子。"

谢尔顿同情地说："你今天真惨。"

父亲说："这些都是早上十点前发生的，所以我明白你的痛苦。但你会发现，我没回家拿你撒气。"

谢尔顿对此表示认可："确实没有。"

父亲提出自己的期望："我希望你回去，向所有人道歉，然后把饭吃完。"

父亲不指责、反共情的这段话深深触动了小谢尔顿，成功抚平了他的情绪，并且对他后来的人生都产生了深远的影响。之后无论他经历了什么，都不会因此迁怒或辱骂任何一个朋友或家人。

大多数情况下，孩子犯错都是无心之失，面对错误，其实孩子的内心是十分恐惧与不安的。如果父母一味地指责，只会让孩子更加害怕被批评、被惩罚，从而不愿意承认错误。这个时候，他们最希望的是父母能够陪着自己，教自己怎么去处理错误带来的结果。如果父母能给予更多的理解和陪伴，安抚孩子的情绪，教他们如何善后，孩子的内心，一定会得到快速成长。

孩子为人处世的方式，大多都是在跟父母的沟通中学会的。当孩子犯错时，父母一味地批评和指责，不仅无法从根本上解决问题，反而会让孩子选择错误的应对方式，让他们遇到挫折只知道发泄情绪，遇到问题只想逃避，以免被责骂、惩罚。而当父母用更加平等、坦诚的方式，心平气和地陪着孩子一起面对问题时，你会发现，孩子的情绪也在变得更加稳定。

◇◆◇

本节回顾

放下完美，拥抱真实，勇于承认自身不足的父母，才能培养出自信的孩子。**倾听胜说教，共情破隔阂**，父母要学会用同频思维理解孩子，用陪伴行动支持成长，用平等对话搭建信任的桥梁。请记得，当父母摘下权威面具，孩子才会交出真心的钥匙。

面对孩子叛逆时可拿来即用的接话公式

公式1：自我暴露 + 拉近距离

“爸爸小时候也犯过类似的错。”

“爸爸小时候也是这么想的。”

“你比爸爸这么大的时候懂事多了。”

公式2：情绪命名 + 引导倾诉

“看得出你很生气，能跟我说说吗？”

“你现在是不是觉得很委屈？能说出委屈的细节吗？”

“你觉得心情很烦躁对吗？你能告诉我是哪件事导致的吗？”

公式3：赋予自主权 + 引导思考

“这件事你觉得该怎么解决？”

“我相信你的判断，你能详细地说一下你判断的理由吗？”

👍“你自己做选择，不过要为结果负责。”

公式 4：共情 + 坚持原则

👍“我理解你的想法，但规则就是规则。”

👍“我知道你情绪很低落，但咱们必须让自己变得强大起来。”

👍“你觉得学习很枯燥吗？但这是每个人必须经历的事。”

公式 5：示范担责 + 陪伴

👍“这件事我做错了，我向你道歉。但你能像我一样反思一下自己吗？”

👍“我们一起想想怎么弥补，好吗？”

👍“我们一起向妈妈道歉，好吗？”

公式 6：体验情绪 + 引导表达

👍“你现在的感受是什么？可以描述一下吗？”

👍“看得出你不太开心，是觉得委屈、伤心，还是气愤？”

“看得出你不愿意跟我探讨这个问题，是觉得我不理解你？还是你没想好该怎么说？”

公式 7：鼓励犯错 + 培养成长型思维

“失败没关系，重要的是学到了什么。”

“犯错不可怕，没犯过错才可怕。”

“别为挫折而难过，要为挫折而感到开心。”

公式 8：暂停 + 重启

“你需要冷静一下，我们 10 分钟后再谈。”

“你先试着自己解决，下周我们来看看你的成果。”

“咱们都太情绪化了，不如一起去吃点零食，下午再谈？”

公式 9：肯定动机 + 批评行为

“这件事你的出发点是好的，只是方法需要调整。”

“我知道是他先欺负你，你也给予了他宽容，但你并没有解决好这个问题。”

👍“你的想法没错，但这么做实现不了。”

公式 10：展现脆弱 + 情感锚定

👍“爸爸不是完美的，但我一直在学习怎么做好父亲。”

👍“你觉得爸爸不理解你，对吗？无论如何，爸爸都爱你。”

👍“妈妈只能帮到你这么多，剩下的就要靠你自己的努力了。”

社交篇

所谓高情商，就是跟任何人都聊得来

会聊天并不是与生俱来的本能，
它是有“技”可循的，
是后天经过学习和锻炼
就能够习得的一种能力。

09 《人世间》丨冷场接不上话？社恐也能轻松掌握的 3 大暖场法则

你有没有过这样的经历？

明明想和人好好聊天，可话到嘴边，却像卡在喉咙里，怎么也说不出来；

对方抛出一个话题，你只能干巴巴地回一句“是啊”“挺好的”，然后空气突然安静，只剩下尴尬的沉默；你拼命想找点话说，可脑子一片空白，最后只能低头假装看手机，心里懊恼：“我怎么就接不上话呢？”

其实，冷场并不可怕，可怕的是你不知道怎么破解它。很多人误以为会聊天是天生的本事，自己嘴笨是因为性格内向、反应慢。但事实上，真正的沟通高手，往往不是靠伶牙俐齿，而是懂得如何让对话自然流动。就像电视剧《人世间》里的周秉昆，他既不像周蓉能言善辩，也不像骆士宾圆滑世故，可偏偏是他，能让郑娟敞开心扉，能让老友推心置腹，甚至能让固执的父亲周志刚转变态度。他的秘诀是什么？不是花言巧语，而是“会接话”——能听懂对方的话外之音，能顺着话题延伸，能在关键时刻轻轻一拨，让对话重新热络起来。他的语言看似普通，却总能让人感到舒服，甚至在不经意间拉近关系。他的这些技巧并不复杂，普通人稍加练习就能掌握。下面从这部经典剧集中提炼出的 3 个实用方法，教你如何在冷场时“接得住、接得巧、接得暖”，让你不再害怕沉默，而是成为那个让聊天持续升温的人。

下一次，当对话陷入僵局时，希望你能想起《人世间》里的这些瞬间——或许，你离一场愉快的交谈，只差一句恰到好处的接话。

1. 细节追问法，巧妙延续话题

聊天最怕的不是没话说，而是明明对方抛出了话题，你却只用“嗯”“哦”“挺好的”草草结束，让对话像断了线的风筝，一下子坠入沉默的深渊。

在《人世间》里，周秉昆第一次去郑娟家送钱，两人原本就陌生，刚见面时甚至还有些尴尬。郑娟提到自己“冬天编筐卖钱”，如果换作不会聊天的人，可能只会礼貌性地点点头，说一句“真不容易”或者“挺好的”，话题就此终结。但周秉昆却顺着她的话，自然而然地追问：“这手艺跟谁学的？冬天手不冷吗？”

就这么简单的一句追问，却像一把钥匙，轻轻打开了郑娟的话匣子。她开始讲自己跟母亲学编筐的经历，讲冬天手冻裂了也要坚持干活……原本生疏的两个人，因为这一问一答，渐渐拉近了彼此的距离。

仔细想想，我们平时的对话是怎么冷场的？往往不是因为无话可说，而是因为回应得太“封闭”。

比如，对方说：“我最近在学烘焙。”

封闭式回应：“哦，挺好的。”**（话题终结）**

开放式追问：“你最喜欢烤什么？有没有翻车过？”**（话题延续）**

开放式追问的本质，就是多问些细节问题。这类问题看似简单，却能引导对方分享更多自己的经历、感受，从而让对话像溪水一样自然流淌。

我们在日常生活中，如何用“细节追问”让对话热起来呢？其实不难，只要记住一个核心点：对方的话里，藏着下一个问题。

（1）抓住“关键词”追问

当对方提到某件事时，别急着评价，先找到话里的具体信息。比如，同事说：“这周末带孩子去露营了。”你别只会接：“真不错！”不妨试着问：“孩子第一次露营吗？他最喜欢哪个部分？”**（抓住“露营”“孩子”追问）**

（2）用“感受类问题”让对方放松

人都喜欢聊自己的体验，尤其是带情绪的记忆。比如，朋友说：“我刚换了一份新工作。”你别只回：“恭喜啊！”试试问：“新环境和之前比，最不一样的地方是什么？”

（引导对方分享感受）

（3）避免“查户口式”盘问

追问不是审讯，别抛一连串问题，而是应该像朋友聊天一样自然。比如下面的正反案例。

对方说：“我最近在学烘焙。”

错误回话：“你学烘焙？跟谁学的？学了多久？工具买齐了吗？”**（太生硬）**

正确回话：“我也喜欢烘焙！你第一次做成功的是什么？”**（先共鸣，再追问）**

下一次，当对方说“我最近在健身”“我刚从云南旅游回来”“我孩子考上重点中学了”……你可别只会点头说“真棒”，试着抓住其中一个细节，轻轻追问一句。那些原本可能戛然而止的对话，突然就有了生命，而你也慢慢成了那个“让聊天不冷场”的人。

2. 共情接话法拉近距离，让每句话都说到对方心坎里

我们都有过这样的体验：当心里憋着委屈想倾诉时，最怕听到的就是轻飘飘的一句“别难过了”或者“这有什么大不了的”。这样的话非但不能缓解情绪，反而像一盆冷水，把我们倾诉的欲望彻底浇灭。真正的沟通高手都明白，安慰人首先不是要解决问题，而是要先让对方的情绪被看见、被理解。《人世间》里的蔡晓光就是这样一个深谙共情之道的人，他总能一句话就说到周蓉心坎里，让这个倔强的知识女性愿意放下防备，敞开心扉。

在剧中有一个令人印象深刻的场景：周蓉因为感情受挫而情绪低落，整个人都笼罩在阴郁之中。这时蔡晓光只用一句“我懂，年轻时谁都犯过傻，但你的傻比别人都有骨气”，瞬间打开了周蓉的心门。

这句话的神奇之处在于，它既没有否定周蓉的痛苦，也没有居高临下地说教，而是先站在她的立场认同她的感受，再用独特的视角赋予这段经历新的意义。

这样的回应让周蓉感受到的是真正的被理解，而不是敷衍的安慰。

仔细品味蔡晓光的这句话，我们可以拆解出共情接话的两个关键要素：首先是情绪认同，用“我懂”这样简单有力的表达让对方知道“你的感受是被接纳的”；然后是个人见解，通过“但你的傻比别人都有骨气”这样的独特视角，帮助对方跳出负面情绪的泥沼，看到事情的另一面。这种说话方式之所以有效，是因为它既照顾到了人的情感需求，又提供了新的思考角度，就像在黑暗中点亮一盏灯，让人突然看清了前路。

要掌握共情接话的技巧，需要注意几个要点：第一，真诚永远是第一位，不要为了共情而共情；第二，在认同情绪时，可以用“我能理解”“换作是我也会……”这样的句式；第三，在表达个人见解时，要找到对方身上的闪光点或者事情积极的一面。就像蔡晓光说周蓉“有骨气”，既肯定了她在感情中的真诚，又赋予这段经历正面的价值。这样的回应不仅化解了冷场的尴尬，更能让对话双方建立起更深层次的连接。

其实，我们每个人都渴望被理解、被看见。当别人向我们倾诉时，他们需要的往往不是解决方案，而是情感上的共鸣和支持。学会像蔡晓光这样用共情的方式接话，就能让每一次对话都成为温暖人心的交流。

放下程式化的安慰话语，用真诚的理解和独特的视角，让每一句话都说到对方心坎里。你会发现，最好的沟通不是能言善辩，而是让对方感受到“你懂我”的那份心意。

3. 转移焦点法四两拨千斤，化解敏感话题

生活中总有一些时刻，别人抛来的问题像烫手山芋，接也不是，不接也不是。可能是长辈突然关心你的收入，可能是同事打听你的私事，又或者是朋友无意间触碰了你的痛处。这种时候，硬邦邦的回应只会让气氛更加尴尬，而《人世间》里的周秉昆给我们示范了一个高明的做法——转移焦点法，既避免了正面冲突，又让对话得以愉快延续。

剧中有一个非常经典的场景：周志刚问儿子周秉昆

“为啥没升职”，这个问题对于当时事业不顺的周秉昆来说可谓直戳痛处。如果直接回答，要么是违心的敷衍，要么是充满怨气的抱怨，无论哪种都会让父子对话陷入僵局。但周秉昆展现出了惊人的对话智慧，他巧妙地把话题转向父亲：“爸，您当年在工地那么苦，咋坚持下来的？”这一问不仅成功转移了焦点，还勾起了父亲年轻时的回忆，让对话从可能的不愉快转向了温暖的父子交流。

仔细分析，这个回答之所以有效，是因为它同时实现了三个目的：首先，它避开了直接回答敏感问题的尴尬；其次，它通过把话题引向提问者本人，满足了人们喜欢谈论自己的天性；最重要的是，它让对话从可能产生冲突的领域转向了能够引发共鸣的回忆话题。这种“话题嫁接”的技巧，就像打太极一样，把原本可能伤人的力道轻轻卸去，转而引向更安全、更有建设性的方向。

这种转移焦点法在我们的日常生活中有着广泛的应用场景。比如过年回家，亲戚问你“怎么还不结婚”，与其硬着头皮解释或者生气反驳，不如笑着反问：“阿姨当年是怎么认识叔叔的呀？”把话题引向对方的美好回忆；同事打听你的薪资待遇，可以自然地说：“这个还真不好说，对了，你上次说的那个项目进展怎么样了？”将话题转向对方关心的工作内容；朋友无意中提到你的伤心事，可以温和地说：“说起这个，你上次说的那本书后来读完了吗？”用对方感兴趣的话题来转移其注意力。

高情商的对话从来不是直来直去的交锋，而是像跳交谊舞一样，有时需要巧妙的引导和转换。当你遇到不想回答或不知如何回答的问题时，不妨试试转移焦点法，优雅从容地化解尴尬。

本节回顾

谈话如流水，贵在自然流淌。《人世间》教会我们的不是巧舌如簧，而是让对话持续升温的智慧。**真正的会说话，不是口若悬河，而是懂得在关键时刻轻轻一拨，让沉默变成默契，让尴尬化为理解。**记住：**每个冷场都是新对话的开始，每句恰到好处的接话，都是拉近关系的契机。**

当社交冷场时可拿来即用的接话公式

公式 1：热点切入 + 大众评价

- “最近露营特别火，您试过吗？”
- “最近新上线的电影《×××》，据说情节非常感人。”
- “最近那件事（公共事件）引发的舆论真是不小，有的网友说……”

公式 2：兴趣共鸣 + 体贴观察

- “上次在您办公室看到网球拍，您也热爱这项运动吗？”
- “听王总说您喜欢喝咖啡，我最近正在学咖啡拉花。”
- “您办公室书架上放了很多哲学类书籍，我正好看过《×××》，不太懂，能请教您吗？”

公式 3：地域话题 + 虚心请教

- “您家乡的特色美食是什么？好想去尝尝！”
- “听说湘绣很著名，这里面有什么门道吗？”
- “听说您家乡气候四季如春，盛夏是不是很适合去旅游度假？”

公式 4：科技探讨 + 个人体验

- “最近 AI 绘画很火，我自己也试了试，您觉得这项技术会取代设计师吗？”
- “听说现在有无人机送外卖了，不知道安全系数怎么样？”
- “听说 ×× 公司刚开过新品发布会，您关注了吗？”

公式 5：生活习惯 + 个人偏好

- “您周末是喜欢宅在家还是出门玩？”
- “您每年都会出去旅游吗？”
- “您家里有两个小孩，平时要花不少时间陪伴吧？”

公式 6：文娱话题 + 业余活动

👍“我最近迷上了脱口秀，您喜欢看哪个演员？”

👍“听说您也喜欢拉小提琴，我也学过一点。”

👍“您关注某某明星吗？听说他最近接下了……”

公式 7：社会现象 + 询问观点

👍“您觉得年轻人为什么热衷 city walk？”

👍“现在年轻人宁愿租房也不背房贷，您觉得这样好吗？”

👍“最近大家都跟风投资……您觉得风险大吗？”

公式 8：网络习惯 + 具体爱好

👍“您平时登录短视频平台吗？最常看哪类内容？”

👍“您平时玩手游吗？有没有喜欢的类型？”

👍“您平时用哪款社交软件？您都关注什么圈子？”

公式 9：养生 + 运动

👍“我最近在练八段锦，您试过传统养生吗？”

👍“我听说黑茶的功效很多，很适合您的体质，您尝试过吗？”

👍“您平时喜欢登山运动吗？如果有时间能否邀请您一起去？”

公式 10：消费观念 + 偏好探索

👍“您旅行时更喜欢自然风光还是人文景点？”

👍“您觉得网红餐厅值得排队两小时吗？”

👍“您养宠物吗？什么品种？”

10 《武林外传》| 聊天总尴尬？4 个法则快速破解

你可能经历过以下场景：

你在工作上做出了出色的成绩，在公司里待的年头也有些久了，想着和老板提加薪，于是充分准备好说辞前去与老板沟通。可当听到老板说“下次有机会再说”，你虽然心生不满，却也只好无奈地点点头，但对待工作似乎没有那么多激情了。

朋友结婚，你随礼 2000 元，然而当你结婚时，朋友却只回礼 800 元。你心里犯起了嘀咕，觉得朋友似乎“不讲究”，但念在有着多年的交情，你也不好意思和朋友提这件事。

周日大扫除，你希望伴侣能够更多地分担家务，而对方则认为自己平时工作太累，不愿在休息时间增加家务劳动。你心生不满，使用了责备或命令的语言要求对方分担家务，但此举并没有收到好的效果，反而让对方产生了更强烈的抵触情绪。

在沟通中，我们时常会遇到一些困难。有时我们可能因为各种原因，例如立场不同或是对方身份地位较高，而说出一些言不由衷的话语，或者选择暂时将真实的想法埋藏在心底。这会严重阻碍我们与对方之间真实想法的传达。

如果双方能够真诚地表达自己的想法，那么最后的结果可能会完全不同。

如何做，算是真诚、平等的沟通？电视剧《武林外传》中有这样一段情节，可以作为参考。

小郭离开家两个月后回到七侠镇找秀才。由于小郭一直没有给秀才写信，秀才以为她不会再回来了。这时，他已经打算和祝无双交往了。面对两难的选择，大家提议让小郭和无双进行比赛，赢家可以留下。经过三轮激烈的比赛，小郭获胜了，而无双决定离开客栈。

无双在临走之前与大家道别，并交给小郭一个包裹。包裹里是她亲手为秀才缝制的衣服，希望小郭能够转交给秀才，留作纪念。小郭回到房间，打开包裹，看到无双出色的手艺，担心秀才看到衣服后会想念无双，因此，她并未告诉秀才这衣服是无双做的。秀才收到衣服后，自然以为这是小郭的手艺。不久后，秀才得知了真相，非常生气，因此与小郭大吵了一架，甚至闹到了分手的地步。

当时，小郭与秀才展开了这样一场对话。

小郭说："秀才，那件衣服其实是无双做的。"

秀才："什么？"

小郭："我是说真的。那件衣服是无双临走前，托我转交给你的。"

秀才："也就是说，你对我撒谎了？"

小郭："我没有，我只说那件衣服是给你的，你要是不合适我可以改改，但是我没有说就是我做的呀。是你自己理解错了。"

秀才："你还敢狡辩！你简直是太过分了……我真的没有想到你原来是这种人，我以前简直就是瞎了眼了！"

随后，秀才拂袖而去。

后来，经过大家的极力调解，两人重归于好。秀才道出了他生气的原因——小郭撒谎、不坦诚。这时，小郭也表达了自己的真实想法，她怕秀才看到无双的手艺后会想念无双。秀才无奈地回应：“我是这样的人吗？”

在上面这则例子中，小郭和秀才都犯了同样的错误，那就是没有设身处地地站在对方的立场上考虑问题，没有进行真诚、平等的沟通。事实证明，小郭一开始就应该诚实地和秀才表达想法：无双留给你一件衣服，但是我不想让你留下这件衣服，因为我担心你看到它会想起她的好。那么，秀才也会设身处地地站在小郭的立场或是双方感情的立场来考虑问题，进而和小郭商议，把这件衣服收藏起来或者另作处理。

我们再来看一个案例，同样是《武林外传》中的桥段。

小郭的父亲郭巨侠来到了七侠镇，准备拆散秀才和小郭，把小郭带回家。事先，大家为了让秀才能得到老丈人郭巨侠的认可，而做了一系列的准备，但都被郭巨侠识破了。

无奈之下，秀才鼓起勇气说道：“伯父，我把话说开了吧，我没练过武功，我练过又能怎么样呢？孟子曰：富贵不能淫，威武不能屈。难道靠暴力就能解决一切问题吗？难道靠武功我就能照顾芙妹一辈子吗？我没什么智慧，就一颗真心，还有不撞南墙不回头的勇气。我豁出去了，我要跟她在一块儿。”

听完，郭巨侠表示愿意再给他们一次机会来证明他们是真心相爱的。

经过郭巨侠的几轮审判，秀才明白了郭巨侠本质上并不是反对他们在一起，而是觉得他们在一起之后，并没有为对方想过，并没有对未来做过规划。而郭巨侠也在看到了两人在一起的决心后，同意了他们的交往。

所以，我们应该明白，在与他人就某件事情进行沟通时，即使双方暂时无法达成一致意见，但选择以坦诚、开放的方式表达自己的想法和感受，仍然能够获得对方的谅解和支持。

经过对以上案例的分析，我们可以总结出与他人进行平等沟通的方法。

1. 坦白直言

我们一定要真诚地表达自己的想法、感受和需求，要选择明确、坦诚的表达方式，同时要避免使用模糊、含蓄的语言或做出有攻击性、批判性的评价。当我们能够真实地表达自己的想法和情感时，就可以避免误解和猜测，从而减少冲突和矛盾的产生。

2. 认真倾听并表示理解

在我们真诚表达完自己的想法后，我们要反过来全神贯注地倾听对方的语言，给予对方充分表达的机会，并尝试从对方的角度去理解其想法和感受，注意不要轻易否定或批评对方。认真倾听有利于我们快速抓住问题的本质和需求，从而对接下来要商讨的事情做出更加合理、有效的决策。

3. 寻找共同点

基于以上两步，我们还要积极寻找双方的共同点。通过了解彼此的观点和需求，找到双方都能接受的解决方案。这个共同点可以是共同的目标，也可以是共同的利益或价值观。

4. 接受多样性，这是实现平等沟通的关键

我们每个人都有自己独特的三观和行为准则。当我们能够接受人们想法和行为的多样性时，就能够真正学会理解和尊重他人，其中包括了要尊重他人不同的沟通风格和说话方式。除此之外，持续学习是必不可少的，不断提高自己的沟通技巧和共情能力，同时反思自己的过往失误，并积极寻求改进的办法。这样一来你就能逐渐提升自己的认知，在日后的沟通中建立起更好的人际关系。

本节回顾

聊天之道，**“七分听，三分问，满分真诚”**。不掩饰需求，不回避矛盾，沟通才能高效。**提问如织网，话题自然长。**学会用“问—答—问—答”引导对话，把控好节奏，就能让话题自然流淌。

聊天尴尬时可拿来即用的接话公式

公式1：深度追问+请教姿态

- “你刚提到的××观点，能否展开说说？”
- “您刚才的观点很新颖，能为我讲讲吗？”
- “您刚才说的这项新技术我还不太了解，它的核心优势是什么？”

公式2：求同存异+正向沟通

- “我们目标一致，只是路径不同。”
- “我们想法不同，但我认为按照您现在的情况，您的想法更符合实际。”
- “我有不同的建议，仅供参考。”

公式3：澄清+确认

- “我可能理解有误，你指的是……吗？”
- “我可能没有表达清楚，我想说的是……”
- “您的意愿是……对吗？”

公式 4：谦逊 + 恭维

- “这个领域你是专家，我得多向你学习。”
- “您既懂技术又懂管理，我们都愿意跟着您干。”
- “您阅历深，我很想听听您的建议。”

公式 5：真诚反馈 + 感谢

- “你的经历对我很有启发，谢谢分享。”
- “您的看法令我耳目一新。”
- “跟您聊天，让我受益匪浅。”

公式 6：场景模拟 + 观点

- “我们换位思考，假如您是客户，您更重视产品体验还是价格呢？”
- “假如邀请您参加聚会，您更希望举办什么活动呢？”
- “如果您是论坛主办方，您希望探讨什么话题呢？”

公式7：尊重差异+赞赏对方

- “我不完全赞同，但从您的立场考虑，您的想法很有深度。”
- “您喜欢养宠物，我虽然不养，但我相信宠物一定能给您带来许多欢乐。”
- “我不这么想，但每个人的实际情况不一样，我欣赏您大胆的决定。”

公式8：平等+共创

- “这个问题我也在探索，咱们一起研究。”
- “我们也正在做这类项目，真心邀请您来为我们参谋参谋。”
- “如果您需要，我可以分享一些相关经验。”

公式9：行动+反馈

- “你的建议很宝贵，我会调整方案。”
- “上次您说的……很不错，这次我也去试试。”

“我去过一家按摩店，服务态度很好，您肩颈不好，可以去试试。”

公式 10：价值认可 + 关系延续

“感谢你的耐心解释，我现在明白了。”

“下次遇到类似问题，还要请教你。”

“如果可以，我想请您一起吃顿饭，顺便向您继续请教……”

11 《老闺蜜》丨破冰太难？3个秘籍让你跟陌生人瞬间热聊

你有没有站在电梯里，和陌生人肩并肩，却感觉中间隔着一道看不见的墙？或者在社交场合，看着别人谈笑风生，自己却像个局外人，连开场白都要在心里排练好几遍？这种尴尬，就像初春的薄冰，明明一触即破，却让人不敢轻易迈出第一步。

其实，我们每个人都带着与生俱来的社交渴望。就像电视剧《老闺蜜》里那些退休后的阿姨们，在人生的新阶段，依然能用一句话就敲开陌生人的心门。艾琳的一个编织包话题，刘大夫的一句排队闲聊，红姐的一次自嘲示弱——这些看似随意的对话里，藏着破冰的黄金法则：最好的开场白，往往是最不像开场白的那一句。

现代生活给我们出了道难题：一方面，我们比任何时候都更渴望真实连接；另一方面，我们却越来越不擅长和陌生人说话。手机成了最安全的屏障，“低头族”成了最普遍的身份。但《老闺蜜》里的五个女人告诉我们：破冰不需要口若悬河，也不需要幽默风趣，它需要的只是一点观察的耐心，一点共情的智慧，和一点敢说“你好”的勇气。这部剧最动人的地方，就在于它展现了普通人最朴实的沟通智慧。

下面就跟你分享我们从剧中提炼的 3 个破冰话术，能让你实实在在感受到：**破冰的温度，藏在每一句“不经意”的问候里。**

1. 学会观察赞美，用细节的钥匙打开陌生人的心门

真正的破冰高手都懂得一个简单的道理：每个人身上都挂着一把无形的锁，而打开这把锁的钥匙，往往就藏在

那些容易被忽略的生活细节里。

《老闺蜜》中的艾琳在社区咖啡馆遇见了新搬来的邻居。两人素不相识。这时，艾琳的目光被对方随身携带的手工编织包吸引，于是她上前打招呼："这个花纹真别致，您是自己织的吗？"就是这句看似随意的询问，让原本可能错过的相遇变成了愉快的交谈。那位邻居热情地分享起自己的编织心得，两人从毛线材质聊到编织技巧，再到各自的生活趣事，一杯咖啡的工夫，两个陌生人就变成了朋友。

这个场景之所以动人，是因为它展现了人际交往中最质朴的真理：每个人都渴望被看见、被欣赏。艾琳的聪明之处在于，她没有使用那些泛泛而谈的客套话，而是抓住了一个具体而微的细节——那个手工包上的独特花纹。这种赞美之所以有效，首先是因为它足够具体，让对方感受到这是真心的发现而非敷衍的恭维；其次，它采用开放式提问的方式，给对方留下了充分的表达空间。就像轻轻推开一扇虚掩的门，既不会显得冒犯，又能自然而然地走进对方的世界。

仔细想想，我们生活中很多失败的搭讪经历，往往败在对对方的恭维太过笼统。“你今天真好看”这样的赞美虽然悦耳，却很难引发深入的交流。而“你耳环上的几何图案很有设计感，是在哪里买的？”这样的细节赞美，却能像一把精巧的钥匙，轻轻转动对方的心锁。因为当一个人的独特品位被准确捕捉时，那种被理解的喜悦会自然而然地转化为倾诉的欲望。

这种观察赞美法的神奇之处在于，它既适用于正式场合，也适合日常偶遇。在商务酒会上，你可以称赞某位客户袖扣的独特设计；在亲子活动中，可以夸赞其他家长为孩子准备的创意午餐。关键是要像艾琳那样让赞美自然流淌，不带任何功利目的。就像阳光不会刻意照耀哪朵花，但每朵被照到的花都会自然绽放。

2. 掌握场景共情，让环境成为你的破冰助手

我们总在担心：贸然开口会不会显得唐突？对方会不会觉得被打扰？其实，破解这个困局的方法，就藏在我们

共同所处的环境里。

在《老闺蜜》中，刘大夫在社区体检站遇到一位独居老人，两人素不相识。但刘大夫没有直奔主题询问其健康问题，而是看着长长的队伍，自然地说了句："今天排队人真多，您平时来这儿喜欢带本书看吗？"这句话像一阵春风，瞬间融化了老人脸上的疏离。老人不仅热情回应，还主动分享起自己爱读的书籍类型，甚至聊到了年轻时在图书馆工作的经历。一次普通的体检排队，就这样变成了两个灵魂的温暖相遇。

将这个方法运用到生活中，我们来想象一下，在机场，飞机延误时，一句"这班飞机晚点这么久，您是不是也改签过好几次了"会比"您去哪里出差"更容易打开话匣子；在暴雨天的便利店屋檐下，一句"这场雨来得真突然，您带伞了吗"自然就能引发交流。

人与人之间最自然的连接，往往始于对共同处境的会心一笑。在这个充斥着虚拟社交的时代，真实的相遇反而成了奢侈品。下一次，当你身处一个充满陌生人的空间，不妨暂时放下手机，环顾四周，也许一段美好的对话，就藏在你们共同经历的这个雨天、这班延误的飞机，或者这个排着长队的体检站里。

毕竟，生命中最动人的相遇，常常始于一句对当下场景的温柔共鸣。

3. 适当自我暴露，以真诚的脆弱打开心门

在这个几乎人人都在社交媒体上展示完美形象的时代，我们似乎已经忘记了，真正的人际连接往往始于那些不完美的真实瞬间。《老闺蜜》中的红姐就很懂得主动暴露自己的小缺点，以此来拉近与陌生人的距离。

她的这种“示弱”不是真正的软弱，而是一种充满智慧的社交策略，打破了人与人之间的防火墙，让真诚交流得以自然流淌。

剧中有这样一个场景：红姐与青年租客初次见面时，没有摆出房东的威严架势，而是像邻家阿姨一样自然地吐槽自己：“我这人记性差，总忘带钥匙，您有没有什

么好办法？”

年轻人立即热情地分享起自己的智能锁使用经验，从密码设置到指纹识别，滔滔不绝地讲解各种高科技门锁的优劣。

原本可能充满距离感的房东与租客关系，因为这个小小的“缺点坦白”，立刻变得亲切自然起来。更妙的是，通过这次交流，红姐不仅了解了年轻人的专业背景（他恰好在智能家居领域工作），还为后续的相处奠定了轻松愉快的基调。

运用到日常生活中，我们需要把握 3 个关键：首先是“度”的把握，我们暴露的应该是无伤大雅的小缺点，比如方向感差、不会用某款 App、做饭总是咸等，而不是涉及隐私或重大缺陷的内容；其次是“相关性”，暴露的内容最好与当下场景或对方可能擅长的领域有关，就像红姐选择在租房场景中谈门锁问题；最后是“真诚度”，这种暴露必须是真实的、自然的，而不是刻意为之的表演。比如在商务场合，可以说：“我对这个新软件还不太熟悉，您看起来操作很熟练，能给我一点建议吗？”这样的示弱既专业又亲切，远比不懂装懂更能赢得尊重和帮助。

在这个充斥着完美人设的时代，敢于展现真实的自己反而是最稀缺的品质。红姐的故事提醒我们，人与人之间的距离，不是通过展示强大来缩短的，而是通过分享那些小小的不完美来拉近的——找一个无关紧要的小缺点，用轻松幽默的方式说出来。你会发现，看似高冷的邻居、严肃的同事或者陌生的同行，其实都和你一样，有自己的小缺点。毕竟，我们都是在不完美中寻找连接的普通人。

本节回顾

破冰之道，**“三分观察细节，三分共情场景，四分真诚示弱”**。我们无须口若悬河，亦不必刻意幽默，只要学会用具体赞美叩开心门、借场景共鸣拉近距离、以真实脆弱打破防备，就能快速与陌生人建立起友谊。破冰的温度，藏于每一句“不经意”的问候里。

与陌生人聊天时可拿来即用的接话公式

公式 1：观察细节 + 礼貌询问

- “您这帆布包图案真特别，有什么故事吗？”
- “看您穿着很休闲，是打算去健身房吗？”
- “您手里的这本书是讲什么的？”

公式 2：兴趣切入 + 提问细节

- “看您带着相机，最近在拍什么主题的作品？”
- “看您的包是名牌的，这个品牌最近的新款您看过了吗？”
- “看您带了健身包，您喜欢哪种运动？

公式 3：文化认同 + 适度夸赞

- “您也喜欢穿汉服？这套衣服好精致！”
- “您也喜欢喝茶？是否能推荐一款价格实惠的给我？”

“您应该很懂咖啡文化吧，关于咖啡豆产地的问题，您能为我解答一下吗？”

公式4：饮食话题+询问偏好

“这家的冰美式很赞，您常喝哪种咖啡？”

“看您的身材应该很少吃甜品吧，您平时都喜欢什么零食呢？”

“这附近有家××餐厅，菜品很不错，您喜欢这种风味吗？”

公式5：生活经历+邀请分享

“看您的笔记本上贴满旅行贴纸，您最爱哪里？”

“您经常去登山呀！哪里的风景最值得推荐？”

“您之前是做销售工作的呀！一般顾客在压价时，您会怎么回复？”

公式6：文艺共鸣+简要鉴赏

“您手机壳上的文字是诗句吗？很有意境！”

“您的笔记本封皮是莫奈的画作，我很喜欢这种朦胧的美感。”

“我看您喜欢收集中国风的冰箱贴，我也很喜欢。”

公式7：数字习惯+率先表达

“我在等车时喜欢听播客，您耳机里听的是播客还是音乐？”

“我喜欢玩×××游戏，您平时玩游戏吗？”

“我经常在×××（某社交软件）上发布动态，您平时用这款App吗？”

公式8：书籍破冰+大众话题

“看您在读《三体》，您最喜欢哪个角色？”

“莫言老师的小说，您喜欢哪一本？”

“我在网上看到很多推荐余华老师作品的文章，但一直没时间读，您更推荐哪一本？”

公式 9：潮流话题 + 表达羡慕

“您的这双运动鞋是限量款吗？好酷！”

“今年特别流行这种颜色搭配，您这么穿很好看。”

“今年很流行这种金属链条包，您背着特别有范儿。”

公式 10：职业推测 + 礼貌询问

“看您使用机械键盘，您是程序员还是电竞玩家？”

“跟您聊天觉得您表达能力很好，您是从事讲师之类职业的吗？”

“听您聊起各种艺术作品时头头是道，您是从事艺术策展之类工作的吗？”

12 《知否知否应是绿肥红瘦》丨总被人阴阳怪气？

颇显格局的 2 招反击术

你可能曾遇到这样的情况：明明自己没有做错什么，却因为别人一句阴阳怪气的话而陷入尴尬？明明自己工作勤勤恳恳，却因为不善言辞而被忽视？明明自己心怀善意，却因为表达不当而得罪他人？语言不只是交流的工具，有时也是一把双刃剑，既能成就一个人，也能毁掉一个人。

《知否知否应是绿肥红瘦》这部经典电视剧，不仅为我们展现了古代宅院的生活画卷，更是一部生动的处世教科书。剧中人物的一言一行，都蕴含着深刻的社交智慧。

盛明兰从最初的隐忍到最后的锋芒四射，顾廷烨从莽撞少年蜕变为沉稳的侯爷，他们的成长轨迹都在告诉我们：在这个世界上，光有真才实学是不够的，我们必须要懂得如何说话，如何在复杂的人际关系中保护自己。

接下来，就让我们从《知否知否应是绿肥红瘦》这部经典剧作中，学习一套行之有效的语言反击术，让那些阴阳怪气的人无机可乘。

1. 谋定而后动

反击小人，要耐心等待时机，等到万事俱备再实施计划，不要有一点儿风吹草动就表现出来。要记住，谋定而后动，知止而有得。

《知否知否应是绿肥红瘦》中，孔嬷嬷受祖母邀请，来盛家教几个女儿学规矩。

剧中有这样一段情节：孔嬷嬷教大家插花、焚香、点茶，墨兰总是抢着表现，还多次打断孔嬷嬷的话，如兰看不惯，便趁着孔嬷嬷起身说要回屋喝药的工夫，与墨兰起了冲突。

如兰：“四姐姐，你可真卖力啊，对女红针织并不钻研，反倒对这些焚香插花，侯门望族喜欢的东西这般用心，好像以后一定能用得上似的。”

墨兰：“孔嬷嬷说了，这些虽不打紧，宁可学着不用，也不能不会，遭人笑话。我生来愚笨，又不想以后丢了家里脸面，不懂的地方自然是要问清楚的。”

如兰：“四姐姐既知道自己愚笨，就应该识相些，别一天到晚地缠着孔嬷嬷。难道你看不出来，人家老人家根本就不愿意搭理你，所以才谎称回屋喝药，就是为了要躲开你的。”

……

一来二去，两人竟然大打出手。

墨兰和如兰屡次明争暗斗，然而孔嬷嬷却从不出言制止，甚至墨兰、如兰对自己出言不逊，她也只是笑笑，不去反驳。一直等到墨兰、如兰犯了更严重的错误，孔嬷嬷才有所行动，然后一招制胜，让两个不懂事的小辈吃透了苦头。

剧中，孔嬷嬷在三个姑娘的父母面前训斥她们。

孔嬷嬷：“我这个人素来不喜欢当面说一套，背后说一套。没的也得把话给传误了。今儿当着几个姐儿的面，在你们父母面前一次把话说个清楚。”在批评了墨兰喜欢抢风头的行为后，孔嬷嬷严肃地指出墨兰的问题：“你为人聪明伶俐，事事出色，不过今日我还要劝你一句，莫要仗着几分聪明，把别人都当傻子了，须知聪明反被聪明误。”

随后，孔嬷嬷教训了如兰，让她改一改脾气。为了一碗水端平，她又转身提点明兰，说一家子的兄弟姐妹，同气连枝、共荣共损。孔嬷嬷一招制胜，既让墨兰知晓锋芒过露之弊，收敛了争强好胜之心；又令如兰明白冲动莽撞之失，收敛了骄纵跋扈之态；更使明兰深谙家族和睦之重，坚定了韬光养晦之志。

古文名篇《郑伯克段于鄢》中郑庄公的做法，与孔嬷嬷有异曲同工之妙。

姜氏偏爱幼子共叔段，多次和丈夫提议，希望让幼子继承皇位，但她的丈夫不同意。

待到长子郑庄公继承国君之位后，姜氏又屡次找庄公，为共叔段求重要的封地，庄公也把封地赏赐给了弟弟。庄公明知共叔段意图谋逆，仍放任不管，每每有心腹上奏折参共叔段，庄公都会开个玩笑，搁置不提。直到共叔段把一切准备妥当——在京邑聚集人马、修缮城墙、发放兵甲矛戈；并和城内的姜氏约定好，让她在城内做内应，开始造反时，庄公才动手铲除弟弟共叔段。

姜氏求庄公看在兄弟情上放过共叔段，庄公就把弟弟谋反的事项一件件地摆出来，然后说，若是弟弟还念兄弟情，就不会谋反了。这一句话胜过一万句，立刻堵住了姜氏的嘴。

无论是孔嬷嬷还是郑庄公，他们做事情的底层逻辑都是相通的——默默隐忍，等事情发展到一定程度再翻脸，而且是说翻脸就翻脸，绝无回旋的余地。

在社交场合中，我们要记住：翻脸要在正确的时刻，若动不动就翻脸，别人只会认为你很情绪化。对时机的把握非常重要，而更重要的是，要保证一切都尽在自己的掌控之中。

2. 以柔克刚

“以柔克刚”是中华文化中最深邃的智慧之一。这种智慧不是软弱，而是一种更高层次的强大。明兰面对林噙霜的刁难时，展现出的正是这种智慧。她没有选择硬碰硬，而是用温柔却坚定的话语化解了危机。

《知否知否应是绿肥红瘦》中，明兰面对各种刁难时，最擅长的就是以柔克刚。当林噙霜在众人面前阴阳怪气时，明兰从不正面硬刚，而是用温柔却有力的言辞化解危机。

比如在盛家宴会上，林噙霜故意在众人面前说：“六姑娘如今可是贵人了，连我这个做姨娘的都高攀不起了。”

明兰不慌不忙，笑盈盈地回道：“姨娘说笑了，明兰永远是盛家的女儿，姨娘待我如亲生，这份恩情明兰时刻铭记。”

这番话说得滴水不漏，既不失体面，又让林噙霜无从发作。

明兰的回答之所以高明，在于它同时达到了多个目的：既维护了自己的尊严，又没有激化矛盾；既表明了立场，又给对方留了面子；既回应了挑衅，又展现了风度。这种“绵里藏针”的说话艺术，在人际交往中具有不可估量的价值。研究表明，在冲突情境中，温和而坚定的沟通方式往往比强硬对抗更有效，因为它不会激发对方的防御心理。

林噙霜的刁难在现实生活中很常见。我们经常会遇到这样的情况：有人在公开场合说一些阴阳怪气的话，试图让你难堪。你如果直接反驳，可能会显得小气；如果忍气吞声，又觉得憋屈。这时候，以柔克刚就是最好的选择。具体来说，可以采取以下策略：首先，保持微笑。微笑是最好的防御武器，它能化解对方的攻击性。其次，用肯定句式回应。比如，“感谢您的关心”“您说得很有道理”。再次，巧妙转移话题。把焦点从攻击性内容转移到中性内容上。最后，必要时设置边界。如果对方得寸进尺，可以用温和但坚定的语气表明立场。

以柔克刚不是无原则的退让，而是一种对主动性的掌控。就像太极拳一样，看似柔和，实则蕴含着强大的力量。在这个充满竞争的社会里，懂得以柔克刚的人，往往能够走得更远。以柔克刚是一种需要长期修炼的智慧。它不仅能帮助我们更好地处理人际关系，更能让我们在这个复杂的世界中保持内心的平和与从容。正如明兰的故事告诉我们的：真正的强者，往往是那些最懂得温柔的力量的人。

本节回顾

反击如同打仗，**谋定而后动，才能一击而中。**时机未到须隐忍，证据在手再“亮剑”。切记**人前只说好话，人后才能不落把柄，**以智慧和格局化解恶意，才能真正赢得尊重。

破解“阴阳怪气”时可拿来即用的接话公式

公式 1：淡定回应 + 用词礼貌

- “您这话挺有意思的……”
- “您这调侃挺有水平的……”
- “您这疑问提得挺在理……”

公式 2：冷静反驳 + 保持风度

- “可能我们看问题的角度不同。”
- “我们情况不一样，所以我不同意您的观点。”
- “您不了解我的情况，所以您无法理解我。”

公式 3：延迟应对 + 转移注意力

- “这事咱们改天详细聊，对了……”
- “我晚一点回复您吧，现在领导找我有事。”
- “这事儿我也不清楚，不过您上次说……”

公式 4：表面接纳 + 熄灭对方沟通欲

👍“您提醒得对，我会注意的。”

👍“那我听您的，我现在去忙其他事了。”

👍“既然是这样，那这事儿就全权交与您负责了。”

公式 5：换位思考 + 化解敌意

👍“我理解您的关心。”

👍“您也是为公司考虑。”

👍“您也是想把事情做好。”

公式 6：温和反驳 + 明确边界

👍“这件事我有不同看法……”

👍“您的建议我了解了，不过这件事还得……”

👍“我理解您更关注……但这件事我要优先考虑……”

公式 7：理性打断 + 转移焦点

👍“好了，我们聚焦如何解决问题吧。”

- “您说得对，不过……”
- “这个问题之后再讨论，现在最重要的是……”

公式 8：礼貌打断 + 避开围观

- “今天先到这儿吧，我们私下再交流。”
- “好了，我们先完成这项工作，晚一点我再向您请教。”
- “回头我再跟您解释。”

公式 9：抬出权威 + 话题转移

- “这事儿领导已经拍板了，我们讨论下一个问题吧。”
- “这件事是张总的意思，咱们现在需要考虑怎样落实。”
- “这些数据来自权威科研部门，我们还是先阅读一下吧。”

公式 10：模糊应对 + 优雅离场

👍“这事儿说来话长……改日再聊吧。”

👍“这个问题涉及方面较多，总之这样是最合适的。”

👍“这个问题咱们有空再聊吧，您先忙。”